柏井正樹［著］

戦略脳を育てる

テニス・グランドスラムへの翼

大修館書店

はじめに――

「だから、あんなヤツが出たんだ」

錦織圭選手が中学1年のとき、全国小学生選手権で優勝した翌年だったと思います。プロのテニスコーチである丸山薫さんが、僕らがいる松江までわざわざ圭のプレーを見に来てくれました。

「だから、あんなヤツが出たんだ」

僕らの練習を初めて見た日。丸山さんにそう言われました。

「見たことのない練習をしているね」

そう言われてもピンときませんでした。ただ、一般的なテニススクールの練習とは違っていたのかもしれません。普通はベースラインで打つ練習はベースラインで、ネットプレーはネットに立って打たせます。でも、僕の練習ドリルは、ベースラインで2球ラリーをしたらチャンスボールを打って前に出る。あるいは、前でボレーをしたら、下がってスマッシュを打つ。そのように、前後というか「縦の動き」がドリルの中で自然に生まれてくる仕掛けになっていました。

左右の動きしか体験できないと守りのテニスになりがちですが、縦の動きを体に沁み込ませれば「攻めのテニス」が習得できます。コートは2面しかないのですが、1面に8人くらい入って3～4人ずつが打ち合う。手前味噌ですが、効率良く映ったのかもしれません。そういった練習は、僕自身が選手時代から攻撃的なテニスを好んでいた点も影響したと思います。

ただ、練習内容に関しては、日本のコーチの勤勉さは世界トップクラスと言われているそうなので、僕自身抜きんでているとは思っていません。狭いコートでいかに効率良く、しかも選手を飽きさせず楽しくトレーニングできるかを考えてきただけのことです。

ただ、ひとつ違うところは、「勝つために何するの？」と問いかけてきたところでしょうか。相手を出し抜く、裏をかく、ゆさぶる。

圭だけでなく、選手には「戦略的な感覚」を磨いてほしいと思っていました。なぜなら、そのほうがテニスが楽しいからです。

さらにいえば、そのような思考は、ゆとりのある自由な空気感から生まれると感じています。一方的に指示命令を下し、選手を動かそうとする強権的な指導者のもとでは「戦略脳」は育ちません。

また、その空気が圭がテニスを続けられた要因のひとつかもしれません。なぜなら、小学生はテニスが好きだからという理由でコートに行くわけではありません。練習に行けば友達と会える。行き帰りに遊んだり、おしゃべりしたりが楽しい。そういった「楽しもうね」という部分を大事にしてきたつもりです。

余談ですが、当時テニス専門誌で「テニスの王子様」という連載を書いていた丸山さんに会うなり、圭は「王子様のショットやって」とせがんでいました。同じころ人気だった漫画『テニスの王子様』に出てくるスーパーショットです。

「あんなことできないよ」と丸山さんが首を振ると、「じゃあ、試合してください！」と自分から果たし状（？）を送ってました。試合はもちろん丸山さんの勝利でしたが。

ところで、僕は子どものころに大病をしたこともあって、スポーツは得意ではありませんでした。高校は文芸部。多くの指導者のように体育大学を出ておらず、福祉系の大学でテニスに出会いました。どこかでコーチングを体系的に学んだわけでもありません。

そんな僕が「だから、あんなヤツが出たんだ」と、日本を代表する指導者に言ってもらった日から14年。

圭はまたたく間に、世界トップを狙えるポールポジションへ駆け上がりました。そのキャリアアップは、本人の才能や努力、僕以外の丸山さんらとの出会いやご両親のお力はもちろんです。ほかのジュニアコーチと出会っていたら、彼はもっと力をつけられたかもしれません。

振り返れば、技能やスキルをスポンジのように吸収する「ゴールデンエイジ」といわれる小学生から中学1年生の時期の圭と過ごせたのは、僕にとって幸運以外の何ものでもありません。

僕らと過ごした8年間が、圭が世界へ羽ばたく翼の一部になっていたとしたら、これほどうれしいことはない。そして、僕の指導メソッドや哲学が、本書を通して少しでもみなさんのお役に立てれば幸いです。

2016年4月

島根県松江市グリーンテニススクール／カシワイテニスサービス コーチ
柏井 正樹

戦略脳を育てる——テニス・グランドスラムへの翼　目次

第2章

伝える力……33

第4章

第5章 モチベーションを上げる……133

戦略脳を育てる——テニス・グランドスラムへの翼

第1章

錦織圭の翼

「ナイス！　卑怯」

先日呼ばれたイベントで、いつものように「錦織圭選手の小学生時代のコーチです」と紹介されました。

コート一面におよそ20人。４面で80人。本来ならあり得ない混雑ぶりですが、イベントなので仕方ありません。雨でも開催できるように会場は体育館ですから木の床です。ワックスのかかった床では、フェルトのテニスボールのバウンドは低く滑り、初心者や初級者では容易にはラリーを続けられません。

僕としては、参加者にできるだけたくさんのボールを打ってもらいたかったので、それぞれ自分のラケットの上でボールをついて回転をかけたり、床にバウンドさせて回転の効果で自分に戻ってくる「ひとり壁打ち」をやってもらったりしました。

このような何げない練習でも、「このようにラケットを使ったらこんなボールが打てるぞ！」「いつものコートとは違ってボールが滑りやすいぞ！」などと考えるようになってほしいものです。そのためには、子どもたちを刺激するいろいろな仕掛けや言葉がけをしていきます。

例えば、「フォアハンドストローク（利き腕側でワンバウンドのボールを打つ）を３球打ってね。

早く横に動いて、ボールが打てるところに先回りするんだよ」と言って練習を始めたとします。子どもたちのなかには、先頭でボーッと突っ立ってる子がいたり、最初からフォアの向きで立ってる子もいます。そんな子には、いきなりドロップショットの球出し（ボールの勢いを殺すようにして打つ）をして驚かせます。

「いつ何が起こるかわからないのがコートでしょう！」

僕が叫ぶと、みんな驚いて目を丸くします。

つまり「嘘つき」なコーチなのですが、どんなボールが来てもいいように構えるのが「構え」だよ、ということを伝えるためにやるのです。

将来的には、コートの中では、勝つためにはどんなことをしてでも勝たなくてはいけない、それに賭けるのが本当の競技者である、ということを教えていかなければなりません。その前提になるのは、〝いつ何が起こるかわからない〟〝隙あらば何でもやってやろう〟という意識です。ルールの範囲内で何ができるかということを常に考えられるようになってほしい。そのためには、ちょっとした練習の中でも、与えられた条件を自分なりにどう利用して自分のプレーにつなげるかということがとても重要になってきます。

ポイントゲーム（チャレンジャーが球出しする簡易ゲーム）をする際にも、「どこに出してもいいよ」と言うのですが、大半の子が真ん中にボールを出します。「いや違うでしょう。相手を困らせな」と言うと、「うーん……」と首をひねります。どんな対人スポーツでもそうですが、テニスもだまし合い、困らせ合うスポーツ。その発想が皮膚感覚として伝わらない子が、今は多いような気がします。

例えば、相手に深いボールを出して、反対側にドロップショットを打つ。そんなことをやって見せているのにもかかわらず、相手コートの真ん中にボールを出し続ける。それが今の子の特徴です。

もっと卑怯なことは！

当然ですが、圭は違いました。

真ん中に出すなんて絶対にしない。僕らコーチの真似をしていても「もっと卑怯なことがないかな？」と考えている様子が見えました。

彼独自のアイデアが飛び出すと、僕は遠慮なく声を上げました。

「それ、卑怯臭いねっ」

「ナイス、卑怯！」

言われた本人は、すごく喜んでいました。

僕自身も圭相手にうまくラリーを組み立ててドロップショットを決めるとか、彼の裏をかいてポイントを取ったときはわざと大げさにガッツポーズしました。

彼がポイントを決められて悔しがりながらボールを拾いに歩いている背中に向かって「ケイ、ケイ！」と呼ぶわけです。それで振り返ったときに、ガッツポーズしてニヤッと笑う。挑発するときは「カモン！」と言ったり、ただ目を合わせてニヤッと笑う。彼も逆にポイントを取ったときはそんなふうだったと思います。

圭は6歳か7歳のころから、非常に戦略的なテニスをしていました。最初の圭の試合でも、彼のテニスを特徴づけるものとして、長いラリーの打ち合いのなかで突然、相手の虚をついて繰り出されるドロップショットがあります。思い返せば、圭はドロップショットの練習を小学1年生から始めていました。3年生で中国（地方）大会に出場したときには、すでにみんなから「ドロップショット、上手いね」と言われていました。

それは、ウォーミングアップでよく行うのですが、サービスラインまでの小さいコートで打ち合う「ミニラリー」のなかで培われたのだと思います。相手は「トップスピン」（下から上にボールをこすって跳ね上がる回転をかける）、逆にこちらは「スライス」（上から下にボールをこすって止まったり低く滑ったりする回転をかける）だけで打つという練習です。そのころから、試合でも当たり前のようにドロップショットを使っていました。

２０１４年の全米オープンで決勝に進出した圭への声援が多かったのは、ドロップショットをはじめとした奇抜なショットがさまざまな場面で繰り出され、彼のテニスが面白かったからでしょう。

これまでもテニス界では「ビッグサーバーの試合は一発で決まってしまって面白くないから、センターストラップ（ネットの中央を低くしているベルト）を外してしまおう」とか「サーブを1球にしてしまおう」などと真剣に話された時期はありました。が、長年続けてきた規則はそうそう変えられません。

体が小さくパワフルなサーブなど持ち合わせていないからこそ、ラリーの駆け引きで相手を揺さぶる彼のテニスが、世界中の人々の心をつかむのだと思います。

圭との出会い

圭と最初に会ったのは、彼が幼稚園の年長組、まだ5歳くらいのころです。母親と姉と一緒にスクールにやって来ました。圭は母親の後ろに隠れながら、怖がっているような目で僕を見上げていました。当時、スクールは小学1年生からという規定だったため一度断りましたが、４つ上の姉が面倒を見るということで一緒に入ったら？　ということになったのです。

母親が僕とは小・中・高の同級生。幼なじみとまでは言わないけれど、小学校の放課後に一緒に遊んだことがあるような知り合いでした。

初日は初心者クラスに入れましたが、「ケイはセンスがあるから上のクラスに上げてくれ」と担当の若いコーチが言ってきたので、一日で一般のクラスに上げました。そこから、程なく選手養成コースに上がったと記憶しています。

最初は、自分のラケットに振りまわされて見えるくらい、体の小さい子でした。それでも上手にボールを返して、一生懸命走ってラリーを続けていました。ポイントゲームにして「2点先取ね」と告げると、いきなり空いているところを狙ってくるので「お、やるじゃん」とびっくりしながらほめました。

幼くてあいさつもよくできませんでした。今でも「錦織圭はシャイ」と言われていますが、僕が見ていた彼は、物静かであるけれど決して内向的ではありません。内にこもるということではなく、一歩離れたところからちゃんと見るべきものは見ている。そこから必要なものを自分に取り入れたり、分析することができるタイプでした。

グループの中にいる圭はほぼリアクションしない子でしたが、こちらの話を聞いていないわけではありません。確認のため尋ねると、ちゃんと理解していました。順番にボールを打つ練習で「2列に並んで」と言ったとき、われ先にと先頭へ走って並ぶのは、何をすれば良いか全然聞いていないタイプの子が多いです。

圭が並ぶのはいつも2番目、3番目。けれども、コーチのリクエストをしっかり理解していました。ただし、誰よりも先にターゲットに当てる技術力があったし、できるからと調子に乗っておどけるような子でもありませんでした。

「勝負事」になったら目の色が変わった

決して能弁ではなかったけれど、友達とキャッキャと声を上げて走りまわっていました。練習メニューが、鬼ごっこなど勝ち負けが決まる「勝負事」になったら、目の色が変わりました。群れから離れて体力温存。ここぞという場面になると、ちょっかいを出しに行く。遊びのなかでも、いかに楽しむかを考えるそぶりが見えました。

では、体力的にどうだったか。

錦織圭といえば「エアケイ」のような豪快なショットを連想するため、並外れた運動神経の持ち主ではと思われそうですが、小さいころはそうではありません。基礎体力はごく普通でした。

小学校2年生か3年生のときに、日本プロテニス協会のスカウトキャラバンが岡山でありました。ダッシュやジャンプ力などを計測するフィールドテストで、僕はテスター（補助員）として参加し、圭も姉と一緒にこれを受けました。

反復横跳びのタイムキープと回数を数える仕事をしていたのですが、足元を見ていて「ずいぶん動きが遅い子だなあ」と思って、顔を見たら……圭でした。

もうかなりテニスで頭角を現していたので、ちょっと意外でしたが、勝負事でないことを本気でやる子ではなかったので「こりゃ全力でやってないな」と思いました。

いずれにしても、今の圭を見ていると、テニスはフィジカル的な要素だけではないことがわかります。

いろいろなスポーツをすることで調整力や巧緻性が鍛えられた

小学生時代は、サッカーや野球、水泳もやっていたと記憶しています。圭のお母さんとは「いろいろなスポーツをすることで、走る、跳ぶ、投げる、打つなどして、まんべんなく体を使ってバランス良く育つことが大事だよね」といった話もしました。また、テニスは個人プレーで、自分自身をいかに向上させるかに主眼を置きますが、サッカーや野球では、チームプレーが学べます。

両親が「いろいろなスポーツするのは良いこと」という認識を持っていたのは、彼にとって大きかったでしょう。複数の競技を経験することは、ジュニア期に進化するといわれる神経系を多方面で刺激できます。現在「コーディネーション」と呼ばれ、自分の体を思い通りに動かせる調整力や巧緻性は、間違いなく鍛えられたと思います。

体格同様、身体能力も決して恵まれているわけじゃない。それなのに、テニスコートの上に立つと、フワフワと反復横跳びをしていたときとは違う子かと思うほど俊敏でした。なぜなら、ボールの流れを予測できるから、ある程度早めにスタートできる。だから速く動けるのです。

今は身体能力も、ハードだけれど効果的なトレーニングでアップさせられるようになりました。そうなると、これにゲームの流れを読む力が加われば、プレーの質はよりいっそう高まります。

プロになってすぐにケガをし、しばらく出られなかった直後の復帰戦をテレビで観ました。サイドラインからサイドラインへと揺さぶられても、2往復目、3往復目とまったくバランスが崩れない。これはかなり体幹トレーニングをしたのだろうと感じました。

自分で「不要」と判断したことはやらない子

小学生のころは、腕立て伏せや腹筋といった自分の体重を支えるレベルのトレーニングはしていました。将来ウエイトトレーニングをするようになったとき、正しい形でトレーニングをする習慣は役に立つと考えているからです。

でも、圭は自分で「これ、いらんやろ」と判断したことはやらない子でしたから、ある程度適当にやっていたように思います。腕立て伏せをするときでも、床に置いたボールがアゴにつくまで体を落とすようにと言っても、コーチが見てないとやっていない。

「ケイ、ちゃんとアゴをボールにつけんと！」

（仕方ねーな）

心の中の舌打ちが聞こえてくるような顔をして、僕が見ている間はやっていました。

好奇心というチカラ

三つの「仕分け箱」

「取捨選択できる選手」

ジュニアのころ、テニスプレーヤー育成の専門家といえるみなさんが、表現は違いますが、圭のことをそんなふうに表現していました。丸山薫コーチは無論のこと、米澤徹コーチ、圭たちナショナルチームの欧州遠征などに帯同していた村上武資コーチ、櫻井隼人コーチです。そのなかのどなたかは失念してしまったのですが、圭の「取捨選択」が何なのかを詳しく説明してくれたことがあります。

「圭は箱を三つ持ってるね」

それは、どんなことでも習得するプロセスで、圭は一度自分の中に入れる。

「必要」

「必要ない」

「必要かそうでないかがわからないから、ちょっと仕舞っておく」

そのような三つの「仕分け箱」が、彼の頭の中にある。「あ、これ必要！」と思ったことは一生懸命集中してやる。すると、彼くらいセンスがあれば、短期間でスッとできるようになるのだ、と。

つまり、プランを自分の中にいったん入れてから、自分で考えて出力できるわけです。ちょいちょい自分の引き出しを開けて、風を通したのでしょう。挑んで、試して、練習した。その結果が、今の姿につながっているのです。

ところが、こんな感じで取捨選択できないと、コーチに命じられたこと、命令でなかったとしてもアドバイスされたことを、自分の中に一気に入れてしまうとパンクします。ときには不必要なトレーニングに時間とエネルギーを費やすことにもなるでしょう。

もしくは、自分の中で整理できなくて、せっかくのプランが引き出しに入れたままカビが生えてしまうという選手。机上の空論を語るのは得意だけど、自分で行動に移すことができない子もいます。

引き出しでカビを生やした子は、なぜそのプランをやらないのか？　それは、失敗したくないからかもしれません。自分のそのときのポジションが居心地良い、もしくは心地悪くはない。スポーツに限らずどんなことでもそうですが、新しいことを追い求め、自ら変化しようとしなくては向上しません。成長し続けるために必要なのは、向上心よりも「好奇心」ではないかと思うほどです。

好奇心からくるアイデアを試し合う

その好奇心が、圭には間違いなくありました。「コイツ、好奇心あるな」と感じたのは、彼が「じゃあ、これはどう？」と挑発するようなプレーをよくしていたからです。

僕が圭と打ち合っているときの点を取るパターン。例えば、コートから逃げていくスライスサーブ（ボールに横回転をかけるサーブ）で圭をコートから追い出したあと、次のショットで圭をオープンコート（がら空きになったコート）に走らせます。すると圭は時間稼ぎをするためにロブ（相手の頭上に高く上げるショット）を打ちますね。こちらはそれをボレー（ノーバウンドのボールを打つ）でカットして決めて、「時間は稼がせないよ！」というメッセージを送ります。そして、大袈裟にガッツポーズして圭を悔しがらせるのです。

こんどは逆に、圭がスライスサーブを打ってきたときは、彼がオープンコートに打ちやすいボールを返してあげる。そして、こちらがオープンコートに振られたときにわざとヨタヨタとバランスを崩しながら追いつき、ロブを上げます。圭がそれをロブカットで決めると、彼がニヤッと笑うわけです。

次に、同じシチュエーションで僕が前に出る場面をつくると、彼は僕がロブカットしようと思って中途半端に出ていると自分で勝手に想像して、足元にボールがいくように短い低いボールを返してきたりしました。

「じゃあこれはどうする？　ロブカットしようと思ったでしょう？　でも、こうなったらどうする？」

そんなことを、延々試し続けるのです。

そんななかで、圭は「そうきたか!?」というようなボールをパッと入れてくる。流れのなかでやっていることと違うアイデアを、ポンと出してくる。そんなことを、小学3年生くらいから日常的に行っていました。

8歳にして、彼の頭脳は非常に「戦略的」でした。

現状を認めて何が足りないかを判断する

10歳（5年生）くらいになると、バックハンドストローク（利き腕と反対側でのストローク）の練習を集中してやることがあります。このくらいの男の子はバックの練習を嫌がります。1時間ずっとバックを打たされるなかで、（もう、我慢ならねー）といった感じでフォアに回り込んでオープンコートにいいボールを決めることがありました。そういうときは「いいフォアだね。でも、今はバックの練習中だよ」と言い渡す。

このときも圭はチェッという顔をしていました。

とはいえ、常に追い込んでもうまくはならない。「おお〜、いいじゃん」とほめて練習を終わる。「俺できる」と自分で認知して、じゃあ次は何をしよう？　と階段を上っていくのと、毎日これもできなかった、あれもできなかった、で終わるのでは「たどり着くゴール」がまったく違ってきます。

スポーツはもちろん、学業でも仕事でも、現状を認めて何が足りないかを判断し、それを練習してできるようになるとパフォーマンスが上がります。（あれ？　上がんないな）と感じたら練習方法が間違っているのだから、前に戻ってプランを立て直して練習する。そのサイクルでどんどん上手くなっていく。

こう書くと、上手くなるシステムは、ごくシンプルなことに見えてきますね。大学生くらいの大人に近い選手は自分の将来とか生活がかかってくるから、ビジネスライクにできます。それが中学生で反抗期になると、なかなか大人の言うことを聞けない。言うことを聞かないのではなく、聞けない。ホルモンのバランスとかさまざまな成長の証として、大人の声に背を向け始めます。そこをどう説得するか。それが、ジュニアのコーチの腕の見せどころでしょう。

とりあえず、今は自分から向かってきてるから、この子にはガツガツやっても大丈夫。この子は反抗的だから、ほめてくすぐっておこう。小学生は楽しくなければ始まらないから、ハードルの加減を「下め」に調節しなくてはいけません。

しかし、圭に対しては、そういった配慮がほとんど必要ありませんでした。彼には、テニスに対する強い好奇心と、取捨選択する能力があったからです。

ある日のことです。足首のねん挫だったでしょうか。負傷したとき「完治するまで練習は休め」と少し強めに言い渡したことがありました。

「僕にテニスとビデオゲームをやめろって言うのは、死ねと言うのと一緒だ！」

半泣きになって、お母さんにあたったと聞きました。僕に直接言えないので、家族に怒りをぶつけたのでしょう。

1万人にひとりの才能

100人にひとりのボールセンス&ゲームセンス

最初からターゲットが狙える子ども。つまり、思ったところにボールを打てる子は、恐らく100人にひとりくらいいると思います。僕がまだ駆け出しコーチのころ、ネットの上にちょっと顔が出るくらいの子どもが、僕が「狙って」と言ったところへちゃんと狙って打てるのを見て、すごく驚いたのを思い出します。

圭もそうでした。打ち方はどうであれ、圭は「狙って」と言ったところへちゃんと打てたし、「返して」と言ったらちゃんと返してきて試合ができました。初めからそういう選手でした。一番下のクラスだった初日から、教えてもいないのにストレート、クロスとボールを打ち分けました。

小学6年生のときに全国大会で優勝すると、テレビ局が取材に来ました。ショットの正確性を証明したいからと、ベースライン近くにボールの空き缶を置き「これを狙ってもらえるかな？」ディレクターさんは、カメラテストのつもりだったでしょう。

ところが、空き缶は、圭が打ったボールに弾かれて空を舞いました。NGなしの一発OKで周囲を驚かせたのを思い出します。

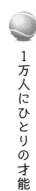

狙ったところに正確に打てる感覚はボールセンス。簡単に言えば、ショットを自在に表現できる感覚。あるいはボールを狙った場所に打ち分けられる技術と言えばわかりやすいでしょうか。

ボールをコントロールする要素は5つあります。それは、スピード・回転・方向・高さ・長さ。その5つを全部安定して表現できたり、そのうちの3つをキープしつつ、回転量とスピードを臨機応変に変える。つまり、ボールがゆっくり入るようにしたり、回転量はそのままだけどスピードだけ遅くするというふうに、いろいろな組み合わせで、どこからでも、どこへでも狙えるのです。

一方で、試合の流れを読む力というか俗に「勝ち方を知っている」などと表現されるのがゲームセンス。100人にひとりと思われる彼の「ゲームセンス」は、空間認知力によるところが大きいと考えます。

空間認知力とは、自分を俯瞰で見る能力です。テニスコートの上で戦っている主には、まるで空の上に飛ばしたドローンに内蔵されたカメラからのぞいている「もうひとりの自分」がいるようです。そのもうひとりの自分が司令塔となり、コート上の自分は実働部隊となって動きまわる。コートを俯瞰して見ているから予測できる。ほかの子とは、見えている風景が違う。

狙える二次元（平面）が広いだけでなく、三次元（立体）的に見える空間認知ができています。

それはたとえて言うなら、どんなスポーツでも有利と言われる第二子に見られる特有の感覚とよく似ています。

怒られているお姉ちゃん、怒っているお母さん。その横に立っている子は、さてどうするべきか。どこの家庭でもよくあるカオス（混乱）の状況を、ちょっと俯瞰して見ている。そんなふうに俯瞰する能力のある子は、テニスでも相手コートの空いているところが見えやすい。自分がどうすべきかに気づきやすいようです。その能力が、圭には5歳か6歳のころからあったのだと思います。

１００人×１００人は1万人。僕は多くのインタビューで、圭を「１万人にひとりの逸材」と表現してきました。

「ボールコントロールは１００人にひとりの逸材。ゲームセンスも１００人にひとり。二つをかけると、錦織圭は1万人にひとりの天才だった」

中学2年生の年、アメリカのフロリダで開催される「オレンジボウル」というジュニアの大会に出場した圭のダブルスでのプレーを見ました。

後衛の圭が配球してチャンスをつくるのですが、パートナーがそれにサッとアクションを起こしてくれませんでした。パートナーは、それがチャンスの前ぶれだと気づかない。

それとは逆で、圭が前衛にいると、パートナーが後ろで配球する。２打目のショットの瞬間に、圭はすぐにポーチに出る。そして、相手が返球したボールに走り込んでボレーを決めるのです。あらかじめ準備ができているから前にスッと出ることができる。相手のボールがどこに返ってくるかを読んでいて、動いていました。

一緒にいたコーチとこんな話をしたのを覚えています。

「ケイとパートナーでは、見ている風景が違うよね」

では、圭が具体的にどこを見ていたかと言えば、恐らく相手のバランスや、前後左右のどこに重心がかかっているか、そういうところをフォーカスしていたのでしょう。パートナーも同じコートにいて、同じ「絵」を眺めているはずなのですが、焦点が違うのです。その都度どこを見るべきか、圭はわかっていました。だからこそ、自分に必要なことを吸収するスピードが、他の子たちよりも速かったのだと言えます。

僕が彼を教え始めたころから、そういった空間認知力は優れていました。ただし、僕が戦術について、「俯瞰して見てるよね」といった話をしても「そうなの？」とピンとこないような表情で聞いているだけでした。きっと半分くらいは無意識に行動していたのでしょう。自分がどう打ったか、どうやって相手を揺さぶっているかといったことはあまり考えていなかったのかもしれません。

彼の卓越した才能には気づいていましたが、指導する際のアプローチの仕方はほかの選手にするのと変わりません。どんな場面でどういうボールを打つかといったことは、しつこく言いました。どのタイミングで打てばいいか、どのスピードで、どの長さであれば意味があるけど、それより短ければ意味がないとか。「単に切り返せばいいんじゃないよ」というのは、僕と1対1で試合をするときによく言いました。

よって、彼はさまざまな場面を経験しながら、自分の課題をどんどんクリアしていきました。あるシチュエーションで「もっとスピンが必要なら、ラケットヘッドを下から出せばいいんじゃないの？」と僕が言えば、彼はそれを表現しました。

そこで、もしも彼が、僕が思うイメージからはみ出したら修正しますが、だいたいはイメージから外れないので何も言いませんでした。グリップ（ラケットの握り方）やスイングの基本形は、イメージからはみ出したものでなければ変える必要はないと思っています。

グリップを変えれば、テニスのプレースタイル自体が変わります。グリップが薄ければ（ボレーをコントロールしやすい握り方。ラリーには不向き）、ベースラインで打ち合っているわけにはいかないので、ネットへ出なければなりません。逆にネットへ出たいのに厚いグリップ（ラリー向きの握り方。ボレーには不向き）で、しかも後ろ足に体重がかかった状態でボールを打ち上げてしまえば、ネットには出られない。ネットに出たければ、グリップを薄くしなければいけないのです。

そんなふうに、グリップはスタイルに結びついているのであまりあれこれと言いません。ただし、僕がイメージする「勝つために必要なスタイル」はありました。そのイメージの中で「僕と圭が許せる範囲」の打ち方じゃないとダメだ――そのようなプレーの基準みたいなものはありました。

「ボールセンス」は練習量に比例します。でも、「ゲームセンス」は、練習量に比例するかどうかはわかりません。経験値は高いほうがいいでしょうが、試合の流れをつかむセンスは親の育て方もあるように思います。

兄弟姉妹を同じ親が同じように育てたのに、性格や資質が違うのは不思議だという話をよく聞きますが、実は同じように育てていないのかもしれません。親の年齢や経験値は間違いなく異なりますから。

例えば、圭のように第二子で生まれた子は、ほとんどの場合、第一子よりもテニスセンスがあります。上の兄や姉の言動を観察しながら、自分がどう動いたら得になるかを無意識のうちに考え判断しているようです。

動物的な勘というか、瞬間的にプレーを選ばなくてはならないので、テニスでは判断や感覚をどれくらい条件反射的なレベルまで落とし込めるかが求められます。そういったものを備えていたのが、錦織圭なのかもしれません。

相手の土俵で相撲を取って完璧にやっつけてしまう

みなさんは「シコる」という言葉を知っていますか？　テニス界の隠語みたいなもので、速いボールや厳しいボールをあえて打たず、ひたすら粘る。簡単に言えば、手堅くラリー戦に持ち込み、ひたすら相手のミスを待つ戦略です。そして、そういったプレーをする選手は「シコリ屋」もしくは「シコラー」と呼ばれます。「チキン（臆病者）になる」意味で「チキる」と言いますが、そのようなノリで生まれた言葉でしょう。

僕の中で一番印象に残っている圭の試合が二つあります。ともに小学6年生で優勝した全国小学生テニス選手権大会（全小）。まずは、そのシコラーとの一戦です。何回戦かは忘れましたが、相手はすごく粘り強くシコり続けました。相手より1球でも多く返せたら俺の勝ちだ、というようなテニスをする子でしたが、実力的には圭のほうが上でした。

いつものように厳しいところに打ち込めば簡単に勝てるところを、圭は最初同じようにシコってラリーを続けていました。そして、相手の子のリターンが短くなった瞬間に、カーンと打つタイミングを早くしたり、角度をつけたり、いきなりスピードボールを打ったりしてポイントを重ねて圧勝しました。

次の試合の相手はハードヒッター。とにかくガンガン打ってくる「パコラー」でした。これは先ほどのシコラーとは逆のタイプを指します。

圭はまたしても、このパコラーの子につきあってガンガン打ってました。「また、始まった」と僕は心の中でつぶやきます。圭は相手の子のボールが短くなった瞬間にすかさずコートの中に1歩入り込んでタイミングを早くし、角度をつけたり、ドロップショットやハードヒットを組み合わせたりしてポイントを取り続けました。

2試合とも、相手選手たちは圭の術中にはまっていました。最初のシコラーの子は1セット目を簡単に取られてしまったので、2セット目から「シコっていても仕方がない」と考えたようで、どんどん打ちこんできました。ところが、いつもは打ってないから入りません。次のハードヒッターの子はパコっていても上回られてしまうのでペースを落とすしかないのですが、もともとゆっくりラリーを続ける根気がないため、途中で打ちにいってやられてしまいます。

つまり圭は、相手の土俵で相撲を取って、完璧にやっつけてしまうのです。

その大会は、決勝戦までにトータルで3ゲームくらいしか落としていないはずです。ほかの試合も、対戦相手がシコラーだったらシコっておいて、相手のミスにつけこんでパンと点を取る。パコラーなら、同じように打ち合いながらタイミングを支配する。そんな臨機応変さというか、勝負に必要な引き出しをすでに12歳で持っていました。

ここぞと言うときに何か仕掛け、気配を感じて動いていた

ほとんどの選手は、圭にやられた子のように自分流でシコったりパコったりするけど、勝てないから打ちにいく。でも、持ち球がなくて負けてしまいます。彼らは、圭に対して自分流を続けるともしかしたら勝てる可能性はあるかもしれないけれど、自分がやっていることを信じきれていないので違うことをしてしまう。すると、上手くいかなくてそのままズルズルと戦闘意欲が落ちてしまうのです。

一方、ジュニア時代の圭は、シコるなら、シコる。打つなら、打つ。悪くすると、だんだん相手のペースにはまっていってしまい、格下の相手だと自分もつられてしまうみたいなところがありました。逆に、相手が強いと、同等以上に強さを発揮します。いずれにしても、試合のやり方がひとつではない。ここぞというときに何か仕掛けようとする。その多彩さが魅力でした。何かしらの「匂い」とか、「嫌な気配」とか、ふっと閃いて動いていた気がします。

相手に合わせてしまう試合について、指導者は通常「おまえのテニスしろよ」と言うかもしれません。でも、僕は11歳の圭に「すげーな、おまえ」と言いました。「こうでなければならない」というものではないと思ったからです。

13歳の巣立ち――アメリカ・フロリダへ

「あいつがジャパン取らなかったら、柏井のせいだからな」

9歳になる小学3年生のときに中国大会にはすでに出ていました。当時から、中国地方の先輩のコーチから「あいつが（6年生で）ジャパン（日本一）取らなかったら、柏井のせいだからな」と言われていました。

5年生の全小はベスト8。翌2001年5月に行われた「全国選抜ジュニアテニス選手大会（12歳以下の部）」で初めて全国チャンピオンになりました。試合の様子を少しお伝えした7月の全小も優勝。8月の「全日本ジュニアテニス選手権大会（同）」も制して、ジュニアテニス三冠を手にしました。彼は12月生まれなので、まだ11歳でした。

その活躍が認められ、松岡修造さんが主宰する強化合宿「修造チャレンジ」に参加。中学1年生の秋は修造チャレンジのサポートで「ＩＴＦ（国際テニス連盟）国際ジュニアトーナメント

（14歳以下）」でアメリカのフロリダに遠征しました。さらに、日本テニス協会会長の盛田正明さんが運営する「盛田正明テニス・ファンド」に練習生として招かれます。そこから中学2年でスカウトされIMGニック・ボロテリー・テニスアカデミーの留学対象選手に。盛田ファンドの奨学金制度を受けて、フロリダへ渡りました。

とりあえず18歳まで頑張ってプロを目指してみる

13歳がひとりでアメリカへ行く。

それが本人にとって本当にいいことなのか？　という疑問は多少ありました。つぶれてしまう選手は何人もいたので、親御さんも本人も、僕もまったく不安がなかったわけではありません。

例えば、オーストラリア出身の名コーチであるハリー・ホップマンが主宰するキャンプに行くと、裕福な家庭の子どもが世界中から集まっています。滞在費は年間恐らく数百万円。午前中に学校へ通い、午後から練習をします。

ところが、そこに行ったからといってスター選手になれるわけではありません。子どもたちは強くなる前に、他のことに目がいったり、本気でテニスをしなくなりがち。つまり、消えてしまう子が少なくないのです。

ですので、もし行くのであれば、親が一緒に行って食事の面倒も見ることができて、ある程度管理ができることが前提でなければ、と危惧する向きもありました。ただ、圭の場合は二人の同年代の日本選手と一緒でした。そのうえ、盛田ファンドから送り込まれた米澤コーチも帯同しました。

それならば、不安は小さくなります。

「とりあえず18歳まで頑張ってプロを目指してみる。ただ頑張ってみて、やっぱり諦めますとなっても、大検だけ取ってどこかの大学に入ることもできる。テニスも人生もそこから再スタートできる。今チャレンジできる人間は限られるのだから、チャンスととらえてみよう」

そんな話を圭のお母さんとしました。

僕自身の感覚は、大学に行ったら、みんな松江からいなくなる。帰省して帰ってきたら会える。アメリカに行くのも、東京の大学に行くのと同じじゃないか。圭の場合は数年（実際は5年ですが）それが早くなるだけだ。

少し早めに寂しさが訪れる——そんなとらえ方をしていました。最後に圭と会ったのは練習だったか、あいさつに来たのかは覚えていません。ただ、「行ってきます」と言ってはにかんだ顔は記憶にあります。先に述べたように、僕は彼が東京へ行くのと変わらない気分だったので、そんなに感傷的にはなりませんでした。

「行ってらっしゃい。頑張れよ」

そう声をかけましたが、ハグも握手もせずに別れました。

2003年の当時でも、日本男子でテニス選手として成功したといえるのは松岡修造さんくらいでした。「ああ、修造さんと同じスタートラインに立ったんだな」と感慨深かったです。アメリカ行きは、ツアープロとして戦う準備をするということですから。

日本のテニス関係者は、圭のアメリカ行きに非常に注目していました。例えば、ナショナルチームのコーチだった村上さんも圭に期待を寄せていました。

「あの子、凄いね。いろんなことができるし、ゲームをつくれる。コートを広く使える。すごく戦略的なテニスをするね」

そんなふうに言われました。いろんなことができるということは、多種類のボールが打てるし、技術的にも、戦術的にも幅が広いということでしょう。コートを広く使うというのは、相手に広く使わせる。つまり、相手を大きく動かしているわけです。

とはいえ、僕がまったく不安を抱かなかったわけではありません。プロになってそれなりに食えるところまで行くのがどんなに難しいことか、経験はしていないけれど想像はできました。年間1000万円サポートしてくれるスポンサーを探すのでさえ四苦八苦すると聞いていました。オ能のある圭ならプロにはなれるだろう。けれど、成績が上がらなかったらサッと契約を切られるはずです。スポンサー料と大会賞金で生活ができる状態になるまで大変だろうと思いました。

「おい、プロを目指す者として、それでいいのかよ」

アメリカへ行った年の12月。

僕はジュニアの選手数人を連れて、1週間ほどの日程でフロリダへ行きました。ちょうど現地では、すでにお伝えした「ジュニア・オレンジボウル（14歳以下の部）」が開催されていました。圭も出場していたので、最後の2泊3日はほかのコーチとマイアミへ移動して見に行くことになりました。

「俺らが行くまで勝っといてね」と言ったけど、シングルスは負けてしまいました。準優勝でした。一緒に行った日本の選手と組んだダブルスだけ残っていました。それでダブルスの試合だけを観戦したのです。

試合のあと、米澤コーチが違う会場で担当している女子選手が試合をしているので彼女をピックアップすることに。そのため、僕がダブルスの試合を終えた圭たちをトレーニングさせてホテルまで連れて帰る役を頼まれました。

圭のパートナーは真面目なので、試合後もきっちり一つひとつのトレーニングを一生懸命やってました。ところが、その横で圭は明らかに適当にやっていました。

「おい、プロを目指す者として、それでいいのかよ」

僕が声をかけたら、ニヤッと笑っていました。

そんなふうに手を抜いているとかマイナス要素を僕が指摘するようなとき、彼は何も言い返さない。恐らく、何か言うと、僕から言葉尻を取られてさらに面倒臭いことになるからでしょう。

「柏井さんの言いたいことはわかってるよ」

そんな感じでニヤッと笑う。それがお決まりのパターンでした。

圭たち3人と米澤コーチと一緒にすし屋やレストランに食事にも行きました。向こうはメニューに写真がないので、圭に「おまえさ、アメリカ在住なんだから何が美味しいか教えてよ」と言ったら「これじゃないですか」と指をさす。じゃあって注文したら、よくわからないものが出てきた。食べられなくはないけど、決して美味くもない。

「これ、何だよ〜」と慌てる僕を見ながら、そこでもニヤッと笑ってました。

向こうですき焼きを頼んだら洗面器みたいな鍋に大盛りで出てきて「はい、一人前ね」と言われたり、天ぷら定食を頼んだらエビ天が８本あったり。そういうのを平気で平らげる人たちに、俺たちはどうやって勝てばいいんだ？　と思ったりしました。

「ケイはこの人たちと毎日戦ってるんだな」と思うと、頑張れよと心の中で応援することしかできませんでした。

ジュニア時代の圭のプレーを間近で見たのは、あのダブルスの試合が最後になりました。

第2章

伝える力

「目の前で絵を描くように」しゃべる

伸びる時期に必要なのはイメージの共有

もともとセンスがある子どもはもちろん、そうでもなさそうな子にも、必ず「著しく伸びる瞬間」があります。指導する側には、すぐにわかります。その見極めはとても簡単で、「コーチのリクエストに応えてくれる」からです。

この流れをつかむと、毎日、もしくは1週間ごとの小目標（スモールステップ）がサクサク達成できます。そうすると、選手自身に少しずつゴールが見えてくる。「こうありたい」という姿に近づいている実感を得られるので、俄然意欲的になります。そうなると、もう完全に「プラスのスパイラル」に突入。子どもたちは加速度的に上達します。

この著しく伸びる時期に必要なものは「イメージの共有」だと考えます。それは、日本一とか中国大会優勝など同じ目標を目指す大まかなものから、ひとつのプレーを「こんなふうにやってみようか」という細かなものまで、教える側と選手とが同じイメージを持つことが重要です。

基本姿勢は「おなかをペコペコに空かせたヒョウ」

例えば、テニスの基本姿勢、つまりボールを打つ前の構えについてこう説明します。

「3日も獲物にありつけず、おなかをペコペコに空かせたヒョウがウサギに襲いかかる寸前のように」

これは、パワーポジション（基本姿勢）を応用したレディーポジション（準備姿勢）。レディーポジションとは、バランスが良く、脚にバネが溜まった状態で、瞬時にパワーが出せる静かな瞬間のこと。この理想的な姿勢をイメージさせるため、腹ペコのヒョウの絵を描くようにしゃべる。言語を映像化するわけです。

さらに、もっとイメージをわかりやすくするためにもう一歩工夫をします。

「瀕死のヒョウ」と「若くて元気なヒョウ」を演じさせ、両者に1つのボールの奪い合いを実験させて姿勢の重要性を体感させるのです。

瀕死のヒョウを演じる子どもはフラフラしています。若くて元気なヒョウはすぐにボールを奪いガッツポーズをします。練習のかなりの時間を、こういった一見無駄なこと、もっと言えば他人が見たら「アホちゃうか?」と思えることに費やしています。

「獲物に襲いかかるヒョウ」のポーズは、圭をはじめほとんどの選手がやらされた経験を持っています。「ヒョウ」がどんな動物なのかイメージが湧かない子は「トラ」か「ライオン」になったり「オモチャを狙うネコ」になったりします。

絵を描くようにしゃべる

では、どんなシチュエーションで、子どもがヒョウやらネコやらに変身しているのか。

例えば、雨が降ったときは、1面しかない室内コートをみんなで使うしかありません。コートには20から30人が入ります。そんな日は、ボールを打つよりも体づくりや動きづくりのトレーニングにウエイトを置きます。

そこでの風景です。

「オッケー！　じゃあスタートダッシュの競争しようか」

子どもたちを2人組にして、それぞれにコーンとボールを配ります。3メートル離れて立つ子どもたちの真ん中に、2人がぶつからないように少し間隔を置いてコーンを並べてその上にボールをのせながら、ブツブツとつぶやきます。

「君の獲物は白ウサギね。君のは赤ウサギ……。えっ？　どうしてコーンにボールがのっかってるかって？　だって、マックスダッシュでボールを取っても、地面に指をすって流血しないで済むようにだよ。そういうやさしい気遣いじゃん。ほら、僕っていっつもやさしいでしょ？」

レディー・ゴーの合図で、2人組に並んだ子どもたちが一斉にボールにダッシュします。初めて挑戦する子どもたちのスタート姿勢は実にさまざまです。

そこで僕は言います。

「違うよ。普通に立った姿勢でダッシュするんじゃなくて、例えばね……」

と、そこで、腹ペコなヒョウのイメージを伝えるわけです。

「ヒョウってどんなんなの？」という子が必ずいます。

「じゃあ、ネコは？」

「ネコはわかる。飼ってる」

「じゃあさ、ネコじゃらしでツンツンってしたときに、フッて飛ぼうとしてるときの格好あるでしょう？」

「あ〜、わかった！」

そこでダッシュを続けながら、

「横から別のヒョウがおまえのウサギを狙ってるぞ。アイツに勝て！」

3人組にしてボールを3個並べて目先を変えると、再び本気ダッシュに火がつきます。

ダッシュ1本でも、こうやってイメージするのと、しないのとでは、365日積み重ねをしたあとは雲泥の差になります。

こうして、ヒョウやネコは、ロケットに発展します。

「ロケットが合図と同時に発射！　空中高く飛び上がるぞ～！」

子どもたちは自分がロケットになったつもりでいます。パワーを出す姿勢をつくっておいてから、ネットプレーの練習につなげていきます。球出しのボールに飛びついてスマッシュやボレーを打つのです。ほかの場面でも、なるべく子どもが頭の中でイメージしやすいように、絵を描くようにしゃべることを心がけています。

スポーツ・オノマトペで抽象的なイメージを共有

加えて、僕がよく使うのが、擬音語や擬態語です。

「そこさ、もっとグ～ンと手を伸ばして」

「ネット際にヒュンと落ちるボールを」

「バシッ」「ズドン」など、抽象的なイメージを共有すると、練習の効率が高まると実感しています。

実は、「スポーツ・オノマトペ」といって、スポーツの指導で使われるもの。オノマトペはフランス語で擬音語や擬態語のことで、体や運動機能の促進・制御に働きかける作用があるそうです。スポーツマンガにも「シュッ」とか「ダーッ」というオノマトペが登場しますが、言葉よりも音に近いかもしれません。適切なオノマトペを用いて動きやプレーを表現することで、例えば

「一を聞いて十を知る」効果があります。

動作やプレーのやり方を伝えるのに、ほかのコーチも苦労していると聞きます。「なかなか理解してもらえない」「伝え方が悪いのかな？」と悩むコーチは多いようです。わかってもらおうと大人のほうがたくさん言葉を重ねてしまうと、選手を余計に混乱させてしまうことになります。

さらにマイナス方向に進むと「この子の理解力がない」と子どものせいにしてしまい、イメージの共有どころか信頼関係も結べなくなります。話したことが、彼らの中に「入ってる・入ってない」つまり、伝わっているか否かは、目を見ていれば感じることができるはずです。

やって見せて「動画」として伝える

言葉で説明する以外に、実際にやって見せて「動画」として伝えることも重要です。子どもたちのショットフォームを真似て「こういう打ち方と、こういう打ち方、どっちがカッコいい？」と尋ねます。もしくは「パターン1、パターン2」とやって、「さあ、どこが違いますか？」という言い方もします。足の向き、膝の曲がり具合などを変えてやってみせます。

例えば、相手コートのベースラインぎりぎりに入るような深いボールを打ちたいと考えたとき。「こうするのと、こうするのと、どっちがちゃんとコートに入りますか？」

体のバランスが崩れていない場合と、崩れている場合。バランスは見てパッとわかるので、可視化して自分たちの脳に焼きつけてもらいます。できている子と、できていない子にやらせて「どこが違いますか?」と全員に聞くこともあります。子どもは「A君のほうがいい」などと答えますから、「そうだね。なぜいいかというとね」と補足できます。

子どもを比べることに否定的な意見はあるかもしれませんし、できていない例としてやらされた子はみんなの前で辱められたと感じるかもしれませんが、練習してできるようになったときに再びにみんなの前でやってもらいます。

「さっきはこうだったけど、良くなったと思わない?」

本人は照れくさそうにしていますが、こうやって達成感を感じさせることができます。

スズメの警戒音がわかる子ども――五感を鍛える

子どものうちに五感を鍛えておく

雨上がりのある日、両親に手を引かれた4歳くらいの男の子が前方から歩いてきました。すれ違う寸前くらいに、どこからか「ジ、ジ、ジ」とスズメの声が聞こえました。これはスズメの警戒音。敵が近づいたとき、仲間に危険を知らせる鳴き声です。

「あ、スズメだ」

男の子は、明らかに不安そうな顔でキョロキョロしています。

「何か話してるね。水の中に仲間が落ちて死んじゃったって言ってるのかなあ。誰かが来て仲間が殺されたって言ってるのかなあ」

お母さんもお父さんも、「いったい何を言ってるの？」と不思議そうにしていました。大人は、スズメが警戒音を発するという知識がなければ気づきようがありません。ところが、子どもは成人した大人よりも、まだ動物の本能が研ぎ澄まされているのでしょうか。スズメの警戒音から「危険な匂い」を感じることができるのかもしれません。

子どものうちにこのような五感を鍛えることは、スポーツをするうえでとても重要です。

声のトーンを上げ下げする

講習会で若いコーチから「小学生でなかなか言うこと聞かない子がいるんだけど、どんな対応されてますか？」と、質問されたことがあります。

「そうですね。ひとつの工夫として声色を変えていますね」

と、答えました。半オクターブ高い声、普通の声、低い声。一番低い声で言うと、全員がパッとこちらを見ます。

これは、スズメの警戒音と同じで、フッと危険を感じさせるというか、注意を喚起するようです。話を聞いていない子に注意喚起したいとき、とりたてて「〇〇君、ちゃんと聞けよ」と言う必要はありません。サッと声のトーンを落とすと「え、何？　何？」となってこちらを見ます。そのときに素早く視線を合わせ、そのまま目を離さずにしゃべれば、どんなにやんちゃな子でもしばらくの間は話を聞いています。

一番声を高くするときは、すでに高めなテンションでレッスンをしているけれど、もう一段集中度のギアを上げたいなと思ったときや、ほめるとき。ポジティブなことを伝えたいときはハイトーンにします。

加えて、練習で「そのボール！　取れる!!」と選手をプッシュするときも、高い声です。「まだいけるよ！」と言っても、諦めてしまったときには、練習を止めて声のトーンを落として「今の、行けるんじゃない？」と静かに問いかけます。

諦めて最後まで走らなかったら、罰ゲームでジャンプ30回などもあります。罰ジャンプは、通称「諦めポイント30回」と言われています。一度プレーを諦めると、30回トレーニングをしなくてはなりません。腕立て伏せやジャンプの類です。いわゆる「罰ゲーム」。でも、子どもが納得してやるぶんには、僕は体罰ではないと考えます。ニュアンスが難しいのですが、選手が甘かった自分を切り替えるための時間になります。

そのジャッジも非常に困難で、こちらが「諦めたでしょう?」と言えば、子どもは「諦めてない」と答えます。苦笑いのときもあれば、涙目の場合もあります。


「絶対届きっこない!」でもトライしなければわからない

「２バウンドしても行けよ」と、ボールを遠いほうにどんどん出して、追わせる練習もします。「返さないと、もっと難しいところに打っちゃうよ」と、最後は審判台のところまで走ってボールを返す。そんなこともごく普通にやります。

「追っかけていって、届かなくてもラケットは振れ!」

「振らなきゃ、走ってもボールは返らないぞ」

なぜこんな無理っぽいことを命じるかと言えば、テニスには「絶対届きっこない!」と本人が思っていても、空振ってみたらあと50センチだった、というケースは山ほどあります。あと10センチだったとか、１センチだったとわかる。それがわかったら、あと10センチ、５歩も走ったなかのたった10センチ分だけ走ればよかったのにとか、早くボールの方向に気づけばよかったのにといったことが実感できる。だからこそ、次頑張ろうと思えます。そこでトライしなければ、なかなか覚えられないのです。

話は少し逸れますが、今の子は諦めやすいとか、気持ちが弱いなどと言われますが、僕の実感として絶対数は今も昔も変わりません。増えもしないし、減ることもない。それならば、こちらの指導スキルを上げていけば選手の進化はあり得るということです。

「自分の限界を決めるのは自分自身」と言ったのは、イチローさんですね。みんなは横に届かないボールでもグリップは5本の指で持ちますが、3本指でグリップの端っこだけつまんで、リーチを手のひら分だけ広くして面だけつくって返しにいく選手もいます。

あるいは、普通なら体の前側でしかボールは返せないけれど、頭の上をロブで抜かれて後ろに走っていった。それでも間に合わないときには頭の後ろからでも、フォアハンドでバックのグリップに薄く持ち変えてロブで返球する。それは僕くらいのセンスしかなくても、やっていればできるようになります。それらは、小学生だった圭もごく普通にやっていました。そこにルールはない。大切なのは自分がどうしたいのかという気持ちと、そのためのイメージや工夫です。

話を声の高さの件に戻しましょう。

質問してきた若いコーチは、うなずきながら「なるほど。僕もやってみよう」と言いました。ほとんどの場合、怒ると声が甲高くなります。でも、その子にとってネガティブなことやアドバイスは、高い声では伝わりません。反対に、心が閉じてしまうようです。子どもに対しては、このように五感に訴えるというか、聴覚や視覚からのほうが入りやすいようです。ちなみに、叱るときはニュートラルな高さです。

一方で、少々難しいかなと思われる言葉でも意味が理解できる高学年以上の子には、「キナ臭い」とか「胡散《うさん》臭い」といった形容詞を使います。

「今のサーブ打つ前の、間の長さって、何か危ない臭いがするね」と言いたいときに、「あいつ、キナ臭いね。絶対何か考えてるよね」と言ったりします。

こういった気配みたいなものは第六感に入るのかもしれませんが、「〇〇臭い」と嗅覚にしてしまったほうがリアリティがあるように思います。

ドロップショットを失敗した子に「うーん。お下品なショットだこと」と言ったりします。実際の言葉の中身は「何、そのドロップショット。長すぎるでしょ」だったり、「回転量不足だね」も含んでいるかもしれません。とにかく「品がない」の意味は、それらすべてを含んでいるんだよと伝えておけば、僕は「お下品だねえ」と言ってしまうほうがイメージが伝わる気がします。

「品がないねえ」と初めて言われた子には、「は？　何それ」って思わせておいて、「品がない要素は、これと、これとこれ」というふうに説明します。そのうえで、見本をやって見せると、かなり深く伝わります。

「ほら見て。この上品なドロップショット。コートの外に追い出せるようなサイドスピン（横回転）までかかってるじゃん。こういうのを上品って言うんだよ」

すると、ああ、なるほど、となります。

このように、僕の伝え方は、ほかの指導者とはほんの少し違うようです。

鬼ごっこはラケットを持つ以前の基本動作の習得に最適

違うと言えば、僕のレッスンではよく「鬼ごっこ」をさせます。僕の大好きなプログラムです。ダッシュはアジリティ（敏捷性）やスピード、フェイントは体のバランス、加えてフィールド全体の状況判断等々、テニスはもちろんすべてのスポーツに求められる多くの要素が、鬼ごっこには含まれています。何より子どもたちがひどく熱中します。

包み隠さずに言えば、現時点での日本のテニススクールには「野球も、サッカーも、バレーもイマイチでして」と入ってくる子どもや、「自分には素質はなかったので」という親御さんから夢を託されて入ってくる子が少なくありません。

そういった子どもたちに、長く深くテニスを続け、楽しんでもらうためには「走る・跳ぶ・止まる・切り替える」といったラケットを持つ以前の基本動作の習得に、多くの時間を割く必要があります。よって「ボールを打たせたら終わり」というわけにはいきません。「個々の限界の頂点までやり切ろう」という僕のスタンスからは、どうしても最初にやるべき仕事になっています。

本質を伝える

「こうしたらできるよ」

僕自身が本質に近いと思うことを、簡潔に「言語化」したり、やってみせたり、やらせたりして「映像化」できれば、子どもたちの成長を加速させることができます。「獲物に襲いかかるヒョウ」や「オモチャを狙うネコ」の真似をさせたり、小学生に「今の構え、キナ臭いねえ」などと言う。そして、何かにつけて始まる鬼ごっこ。

「これに何の効果があるの？」と感じるかもしれません。が、テニス技術の専門的な練習の前段階としてこれらを積み重ねることは、最終的によりスケールの大きな選手をつくることにつながるように思います。

ずっと以前、圭と海外の大会に帯同したコーチが感想を伝えてくれたことがあります。

「彼はいろいろな刺激や外からのアドバイスを、スポンジのように吸い込む準備ができていて、なおかつそれを取捨選択できる選手だった」

圭クラスになれば、県協会→中国協会→ナショナルチーム→プロフェッショナルと、次から次ます。

へと階段を上り、それぞれのステージで多くのコーチから多様なアドバイスを受けることになり

アドバイスによる選手の混乱を解消してやる

世界とまではいかなくても、県レベルのトップ選手たちはそれぞれの階段を上る過程で、よそで情報を得てスクールに戻ってきます。そしてまた、多くが大学進学を機にスクールをあとにし、まったく別の指導者につくのです。

そのプロセスにおいて大切なことを二つ、選手に伝えてきました。

ひとつ目は、もらったアドバイスには、そのコーチが必要もしくは重要と感じた要素が入っているはずなので、言葉の意味や文脈がわからないと感じたときは、ホームコーチに通訳を頼んでほしい、ということです。選手にとって、普段言われていることとは違うことを言われたように感じたとしても、進むべき方向が同じだということを認識できる場合がほとんどです。どこをどうしろと言われたのか、なぜそう言われたのかを確認すると、ほとんどの問題は解決します。

例えば、僕のところで「打点をもっと前にすること」を練習していた選手が、ある強化練習会に参加して別のコーチに「もっとスピンをかけること」を指導されたことがあります。それからほどなくして、別の練習会でまた違うコーチから「もっと厚い当たりで打て。しっかり打ち抜け」

と言われました。

選手にとっては、３人のコーチから「違うことを言われた」と感じたようで、混乱していました。けれども僕から見れば、時系列のなかで「打点が遅く良いショットが打てていない」、だから「①打点を前にしようとした」そして「打点は良いが、ボールが飛びすぎてコートに入らないことが多い」ので、「②回転をしっかりかけてコートに収まるショットを打つようにした」。けれども「回転に注意するあまり、ショットに伸びがない」ので、次の段階として「③全身を使った厚い当たりを身につけてより伸びのあるショットを打たせようとした」という具合に、選手はそれぞれの修正を上手く受け入れながら成長しており、その都度次のステップへのアドバイスをもらっているわけです。混乱する必要などないばかりか、「自分が上手になっている」という達成感を感じている良いケースなのです。

選手が個人で感じて混乱し、歩みを止めるのはとてももったいないことです。２回目の練習会からホームコートに戻り、つまらなそうな顔をして練習しているのに気づいて話を聞き、「それは当然の、期待通りの流れだし、むしろ上手になっているからこそのアドバイスの変化なんだ」と説明したことで、選手の表情は一変。練習に対する熱意が一気に回復しました。

いろいろなコーチから普段の練習と違うことを勧められたときでも、方向性が同一であるなら、多くの場合は選手が自分で工夫してみることを私は止めません。やらされてやることよりも、自分でやろうとすることのほうが発見があり、明らかに身につくからです。

問題は自分の位置や進むべき方向について、選手は白紙の地図しか持っておらず、しばしば迷子になったり立ち止まらざるをえなかったりするということです。この時間はもったいない。ホームコーチは「自分自身による発見の大切さ」を踏まえながら、選手と相談して少し遠めの目標となる灯りを灯してあげること。そこにたどり着くのは選手自身の仕事で、悩みながら工夫できる環境を整え、方角は間違っていないという情報だけは伝えてあげること。これがコーチの大切な仕事であると思っています。

二つ目は、アドバイスをしてやりたいと思われる選手のほうが、より多くの情報を得られる、ということ。

情報を得るには、話をしたいと思われる人間でなくてはいけません。そのためには至極シンプルですが、三つのことを心得ていたほうが良いでしょう。

「話している人の目から視線を外さず話を聞く」

「姿勢よく大きな声で話す」

「聞かれたことにはすぐに答える」

これらが大切であることを教え、それについては練習中にも繰り返し注意を喚起しています。

自己紹介に盛り込む3つの要素

これらを実践する具体的なものとして、新しいフィールドに入るとき常に必要になる「自己紹介」があります。「自己紹介に3つの要素を盛り込むこと」という条件で、クラスに新人が入ったときには必ずやらせています。「自己紹介をしてください。こんなふうに」と、まずは先輩で事情を知っている子どもひとりか二人に振ってお手本を示してもらい、次に新人に真似してもらいます。

そのとき大切なのは、自分を紹介するコメントの中に「名前、好きなもの・嫌いなもの、出身地」の3つを含めるということです。例えば、好きなもの嫌いなものを紹介して、カレーが好きと言ったとします。もし、相手に「私もカレーが好き」という共感を持ってもらったら、次に会ったときには私と一緒ということで、話をしやすいはずです。

反対に、下を向いて話したり、名前が聞き取れないくらい声が小さかったりしては、「また話したい」という気持ちにはなれないね、と話します。ですから、小学校の低学年、それより小さいころから「あいさつはしよう」と言いますし、素早いリアクションのチャンスとして、打球をコーチにぶつけてしまったときに「コーチに球がぶつかったら何て言うの？」と聞きます。申し訳なさに畏縮して黙っている子には「ごめんなさいか、ざまーみろの、どっちかでしょう」と振れば、どの子も笑いながら、すかさず「ごめんなさい」と返します。日々、成長のチャンスがあるのです。

ウィナーズ・スピーチに盛り込む7つの要素

さて、スポーツには「するスポーツ・見るスポーツ・支えるスポーツ」という考え方があります。それらのすべてのポジションが「スポーツの楽しみ方」として存在しているわけです。子どもたちは当然「するスポーツ」としてだけテニスをとらえて参加しているのですが、競技会やイベントに参加するようなレベルになると、そうばかりは言ってはいられません。レンタルコートで自分たちだけで遊んでいるわけではない、自分だけでテニスができているわけではないので、周りへの配慮や感謝の気持ちが不可欠なのです。

そこで、自分が大会で優勝したときを想像させて「ウィナーズ・スピーチに盛り込む7つの要素」も教えます。

1　スポンサーに対する感謝（スポンサーがお金や賞品を出してくれたから強い選手が集まり、良い試合ができ、しかもチャンピオンの自分が賞品を受け取ることができる）

2　大会運営者、審判役員、ボールパーソンなど、サポートしてくれた人たちに対する感謝（彼

らが気を配ってくれるから、自分は会場で練習でき、試合に集中できる）

３　オーディエンス（観客）に対する感謝（お金を払って見てくれるお客さんがいるから大会が運営でき、賞金が大きくなって、テレビで放映される。これらのお金がテニス協会にも届き、プロでもない自分たちが海外や遠方で合宿できる。もちろんお金を払っていなくても、自分たちのプレーを応援してくれる人々の気持ちはありがたい）

４　親や友達への感謝（お金を出してもらって試合や合宿に参加できるから、結果を出すことができる。家族や友達の支えがあるから毎日頑張れる）

５　コーチへの感謝（毎日の練習時間だけでなく、コーチのさまざまな支えや協力があったから、今日の結果を勝ち取ることができている）

６　負けた対戦相手への思いやり（今日は自分が勝ったけど、相手も凄かった、今日これだけいい試合ができたのは相手のおかげだ――そんな気持ちを言葉にする）

７　将来の抱負（この経験を活かしてもっともっと強くなって、来年も必ずここでプレーしたい）

自分がテニスを続けていられるのは、こんなに多くの人々が支えてくれているからであることを知ってほしいのです。このようなことすべてが大人になる準備であり、プロフェッショナルになるための練習です。

さらに、もう少し段階が進むと「自分が得た情報」の扱い方を伝えます。スクールの外での合宿でコーチに言われたこと、またはスクールで言われたこともすべてひっくるめて、得たヒントをどうするかを決める作業です。

第1章で、ほかのコーチたちから「圭は取捨選択できる選手」と言われた話を覚えてますか。圭たちは、(1)直ぐやる　(2)やらない　(3)仕舞っておく、の三つに分類し「プレーヤーズノート」に記録しておきます。そして、時折読み返す。そのときは無駄に思える情報でも、別の悩みを持った時期に自分の助けになることもあります。だから、今必要か必要でないかわからないからと捨ててしまうのはもったいない。しかも、聞いただけの情報はすぐに忘れてしまいます。書くことで多少は記憶にとどまるし、やってみることで覚えられる。そんなことも話します。選手は月に1〜2回、僕にノートを提出します。

こちらが伝えたつもりになっていることが、果たして本当に伝わっているのか。大人としてはそこが気になるところです。ただ、それは話をしたときに顔を見ればわかります。また、少しずつでも変わっていく気配がないのであれば、その原因を探らなくてはいけません。そのひとつとして浮かび上がるのが、「伝え方の見直し」でしょう。

それを見直さず「言ったよね？　どうしてその通りにやらないの？」という見方になると、指導者としての進歩は望めません。根拠のない自己満足が一番危ないのです。

練習は選手が「もう少しやりたかった」と感じながら終わるのが最高

さらにいえば、コーチは全力で応援し一緒に頑張ろうとするけれども、最終的に結果を残すのは選手の仕事。コーチの「熱」につき合わせて、オーバートレーニング（トレーニングのしすぎによる慢性疲労状態）にならないよう気をつけたいものです。そのことを指導者が選手と共有しておけば、しばしばスポーツ界で問題になるオーバートレーニング症候群など起こるべくもないのですが。

「楽しいから、もう少しやりたい」

選手自身がそう感じるのが、最高の練習だと考えます。日々の暮らしのなかで私がやろうとしているのは、子どもたちが「もうちょっとやりたかったな」と感じながら練習を終えること。

「ああ、今日の練習は頑張ったな。もうこれ以上やりたくない」と、おなかいっぱいで終わる練習がいいとは思えません。

「あのショット、もう少し練習したかったな。明日、試してみよう」

そんなふうに湧き出るような意欲や自発性が高まるときが、一番上達するのです。

そのうえで、日々選手に伝えているのは、自問したときに「やるべきだ」「やったほうがいい」と思うことは直《ただ》ちにやること。

逆に「やらないほうがいい」「やるべきでない」と思うことは、自分から遠ざけること。なぜなら、やるべきことを本気でやるとすれば、時間は限られているからです。自分自身で判断し、バランスをとることが大事だと伝えていきたいものです。

成長の糧になる「セルフジャッジ」

セルフジャッジは自分の殻を破る良い機会になる

「サッカーは人を育てる」と言ったのは、日本代表監督を務めたオシムさんだそうです。同様に、テニスも人を育てると考えます。

テニスでは、ジュニアの場合は大会によって「セルフジャッジ」になります。対戦する者同士、自分たちでスコアを言ったり、アウト（自分のコートに入らなかったショット）やフォルト（自分のコートに入らなかったサーブ）のコールをしなければなりません。ところが、それを言ってなかったり、混乱したときにポイントがわからなくなることがあります。コートの真ん中に寄ってフリーズしている子たちをたまに見かけます。

その場合、双方が「そのポイントはそうだった」と確認し合えるポイントだけを抽出して、それ以外はなかったことにしてもう一度始めます。ですので、どちらかがルールを悪用しようと思えば、いくらでも悪用できます。

例えばそう思ったときに「そのポイントは覚えていません」と言い、自分がやり直せそうな状態で始めることもできるのです。

「このままじゃゲームを落とす……」

僕のクラブでは、疑わしきはグッド（イン）と教えています。明らかに「アウト」と思えなければすべて「セーフ」として打ち返させています。ですので、大会に連れていくと、ほかのコーチたちから「柏井さんところの子、どうなってんの？」と呆れられます。

「めっちゃフォルトやのに、全部返してるやん」

僕は笑いながら「田舎の子は正直なの」と答えています。

ポイントがわからなくなりフリーズした状態を過ごしたり、自分の主張が通らなかったりすれば、当然そのあとのパフォーマンスは低下します。そんなことを防ぐためにも「なるべく大きな声でポイントを言いなさい。コートの真ん中で固まっているのはカッコ悪いでしょ」と子どもたちに言います。

それでも、声を出さない子がいます。多くは中学生です。公の場で大声を出したくない思春期に入ってくるためです。小学生のときはしっかり「アウト！」と叫んでいたのに、言わなくなってしまいます。

もうひとつのよくあるケースは、実力が下の子が自分より上の子に「アウト」と言えない。「今の君のショットはアウトだよ」とは、恐れ多くて意思表明できないのです。もしくは「目立ちたくない」といったこともあるかもしれません。そういったことは、特に最近多いというより以前からあります。

だからこそ、セルフジャッジは自分の殻を破る良い機会になると考えています。

声を出す重要性をロールプレイで学ばせる

よって、声を出す練習もします。その名も、「ハンバーガーショップで、ポテトを追加注文してもらえるような店員の対応」。つまり、ロールプレイです。

2面あるいは4面のコートの対角線の端と端に立たせて、お客さんと店員として二手に分かれ、照り焼きバーガーとアイスコーヒーを注文するやりとりを大声でやります。

「いらっしゃいませ！　ご注文は何でしょう？」

「照り焼きバーガーください」

「お飲み物はいかがですか?」

「じゃあ、アイスコーヒーください」

「ご一緒に、フライドポテトはいかがですか?」

「いえ。おなかがいっぱいになりすぎちゃうので、ポテトは結構です」

そんなやりとりを、ネットを挟んでやるわけです。

あまりにも声の小さい子には、交差点で「ハトポッポ」を歌わせることもあります。道の向こう側の仲間に聞こえるかどうかといったことを、ノリのいい小学生はやっていました。意味不明に思えることも、必要性の本質を理解すると、子どもたちは結構面白がってやります。そうするうちに、いつの間にか大きな声で話せるようになるのです。

「ハトポッポ」は、圭はやらなかったと思います。彼は「これくらいの声は出そうよ」という類のことはちゃんとやるタイプ。怒られない範囲でキッチリやる観察力を持っていましたから。

圭が「怒られない範囲」を死守していたのは、ある種のプライドがあったからだと思います。

先輩としてのプライドを喚起させる

つい最近、こんなことがありました。

僕のテニススクールでは、小学生から高校生まで全員一緒にフィジカルトレーニングを行います。よく見ていると、トレーニングの終盤やクールダウンを適当に流している高校生がいました。

「トレーナーが来てくれてあれだけ必死こいてトレーニングしてくれてるよね。来てくれたときはすごく頑張ってるじゃない。それなのに、どうして今日はやらないの？　トレーナーが来てくれた一日よりも毎日の練習のほうが身につくんじゃないの？　それはみんな知ってるよね？知っているのに、今日やってないのはなぜ？」

中高生は黙っています。

「今の高校生が小学生だったときに、頑張ってる高校生がいたよね。彼がむっちゃ頑張って走ってるのを見て、先輩すごいって思ったよね？　おまえたちのこと、あそこにいるあの小学生たちは見てるんだぜ。あの先輩、すっげえ球が速い。俺もあんな球打ちたい！って尊敬して見てんだぜ。それなのに、そんなふうに流していいのか？」

そうやって、ときどき真面目に話しておきます。すると、これからは「いいのかよ、それで？」と言うだけで、ふと思い出して背筋が伸びると思います。キーになるフレーズをつくっておくと、似たようなお説教をしなくても、そのフレーズだけで何のことかわかります。

トレーナーの言葉「テニスプレーヤーたる前にアスリートたれ」

「アスリートじゃない人にラケット持たせても仕方ないよね」

このフレーズも使います。トレーナーが子どもたちに言ってくれたものです。

「テニスプレーヤーである前に、アスリートであってほしい」

まずは体づくりが重要でしょ？　ということです。それを言われたとき、何人かの高校生と目が合いました。僕がニヤッと笑ったら「柏井さんの言いたいことはわかってるよ」という目でニヤーッと笑ったり、フンと横向いたりしていました。

自分はラケットを持っていい人間なんだという「プライド」を持ってほしいわけです。だから、トレーニングに気持ちが入っていないようなときは、いじらせてもらっています。

「トレーナーに言われたよね？　アスリートでもないヤツにラケットを持つ資格はないって」

敗戦を成長の糧にする正しい方法

敗戦のあとは自分の言葉で説明してもらう

選手が自分なりにプライドを持つのは大事なことなので、試合に負けたあとはかなり熟慮して声をかけます。よって、負けた子を即叱りとばすコーチは、ちょっと信じられません。僕としては論外です。

負けた直後にコーチから1時間しゃべられても、選手は5分くらいしか覚えていないでしょう。

ですので、負けて報告に来たとき、もし泣いていたら「まず、涙が止まってからしゃべろうか。顔を洗ってから話しにおいでよ」と言います。

しばらくして泣きやんで、選手は真っ赤な目をして僕の前に立ちます。まずは「どうだった？」と尋ねて、良かったところと悪かったところを振り返って自分の言葉で説明してもらいます。そのあとで僕の感想を伝えて「帰ってから何の練習しようか？」と話し合う。それだけなので10分もあれば終わってしまいます。

とはいえ、「どうしても勝たなくてはならない」と思って臨んだ試合に負けた場合は少し違う展開になるかもしれません。もしくは、かなり格下の子に負けたとか、その子の負けに対する受け取り方がちょっといつもと違うときは、少し異なるサポートをしなくてはいけません。

「今までやってきたことはどうなのか？」とか「これからの君の人生はどうなの？」くらいな話までしなければいけないとしたら、10分では済みません。

多くは、全国大会に行きました、あのボールが入りませんでした、でもそこではそのショットを打つのが正しかったです、でも負けちゃいました。そんな状況です。

「あのボールが大事だったよね、本当に世界に行くヤツは、アレが入るんだよ」

負けて泣いた子に、少し長く喋ったり否定的なことも言ったりして追い打ちをかけます。ここ悔しいよなと僕も共感はしているのですが、共感しても、大人ですから同化はしない。余計落ち込ませておいて、松江に戻ってから本人が奮起してガーッと練習する。そんな時間につなげていきます。選手の性格や状況によってあとの練習をつくっていかないと次につながらないと踏めば、もっとポジティブに持っていきます。大丈夫、次は絶対イケるよ。そんな空気をつくることに努めます。

簡潔に言えば、コーチの仕事は二つ。選手がプラスの方向に変化するスピードをできるだけ速くすること。もうひとつは、いいほうに変化するよう道標を立てることです。もしくは、本人が道標を自分で見つけやすいよう、サーチライトで照らすのです。

負けたら、それまでと同じことをやっていても意味がありません。変わるためには違うことを見つけなければいけない。それがリベンジのスタートラインになります。

圭は敗戦のあと変化できる能力が高かった

圭は、この変わるスピードがとてつもなく速い選手でした。戦略的にも、スキル的にも変化できる能力が高いのです。こちらがアイデアだけ与えると、ちょっと反復練習すればできるようになります。このとき、ああ、できるようになったと安心してはいけません。課題解決を定着させるため、本人が忘れたころに同じシチュエーションをポンと持ってくる。もしできなかったら、もう一度反復練習です。

普通の子は、その「課題解決の定着」を、またやって、またやってと、頻繁にやらなくてはいけませんが、圭の場合は何回かやってわかったとなれば、定着させる時間が短くて済みます。つまり成長速度が速い。だから、どんどん新しい技術や戦術に取り組めるため、引き出しもどんどん増えていくわけです。その意味で、彼は異常です。普通ではありませんでした。

全員が圭ではありません。反復練習がすごく長くかかるため、同じことばかり繰り返すのがつまらなくなる。それで相変わらず勝てないと煮詰まる。そんな悪循環に陥ります。よくあるパターンは、ラリーが続かないから勝てない。すると、コーチはそこに注目してしまい、「100本ラリーが続くまで、練習終わらないよ」などと言ってしまう。すると、練習自体単一化するため、頭の中にラリーを100本したことしか残りません。

圭だけではないけれど、その子のマックスの成長を僕たちはサポートしたいと願います。そのためには、100本ラリーのあとに、ドロップショットの練習をしたり、ボレーの練習をします。そこで「お、プロいじゃん（プロみたい）」などとほめておくと、100本ラリーの地味なイメージが少し緩和されます。

「今日、ドロップボレーほめられたんだよ」と親に報告できます。もしくは、「今日のボレー、良かったね」とほめておけば、相変わらずストロークはまだ上手くなくても「本日の成功体験」を家に持ち帰ることができます。

ここを、１００本ラリーができるようになりました。じゃあ、次に何をしましょう、というように、あえてコツコツ階段を上るようには練習させません。

１００本ラリーができた。それは、チャンスボールが頻繁に手に入ることです。では、そのボールをつくったら、前に出てボレーで止めを刺す、というふうにしなくてはいけません。それならば、ボレーも練習しておかなくてはいけないし、スマッシュもやっておく必要があります。

つまり、そのときのメインテーマとは別に、もうひとつサブテーマをつくること。メインが、その子にとっては結構厳しい練習になるのであれば、サブテーマはすごくイージーなトレーニングにします。10回やったら9回決まる、みたいな。リフレッシュできる練習にしてしまえば、子どもは「じゃあ、明日も来ようかな」となります。

僕自身、ストロークがとても下手でした。ですから、ストロークの練習だけして帰れと言われたら、テニスやーめた！　となりかねない選手でした。だから、ずっとラリーばかりだと嫌だけど、最後のポイントにボレーの練習があれば「ああ面白かった」となるかなと思ったのです。

嫌だったけど繰り返しやり続けた練習が、あとで「役に立ったな」と気づくことが必ずあります。大人は「嫌なことでも取り組める子になってほしい」などと言いますが、嫌なものは嫌、嫌なことは苦手なこと。よって、それの反復練習が繰り返されすぎないよう、ちょっとだけ気を紛らわせるポイントをつくる工夫をします。

テニスというスポーツが面倒なのは、戦う相手によって打たれるボールが一通りじゃないことです。回転の量が微妙に違ったり、スピードが違ったり、長さが違ったりする。そこを丁度いいところに調整するというか、合わせられるようにするのが難しいわけです。

圭のことを「立ち上がりが悪いね」と評する方がいます。第1セットを落とすことが少なくないからだと思いますが、彼は最初は相手のボールや動き、戦術、もっといえば性格やその日のコンディションまで観察しているのでしょう。

だから、相手を掌握した2セット目からドドッと攻め立てて勝っちゃう、ということが多いのです。相手のショットや戦術、性格をつかんだら、そこに対応します。それを「再現性がある」と表現するようです。体の中に入ったら忘れてない。何回でも対応できる。それは体の動かし方、つまりコーディネーションだったり、空間認知だったり、自分の体の感覚で覚えてしまうのです。

ジュニア選手の育成はらせん階段を少しずつ上ってくるイメージ

僕のテニス講習会の資料に「らせん階段」のイラストが出てきます。若年層の育成は、何かができたら次に何かの指導に移るというように、階段を上っていくように進むわけではありません。階段だと踊り場があります。踊り場で停滞しないためにも、らせん階段をぐるぐるターンさせて少しずつ上ってくるイメージが必要です。

まさに、圭はらせん階段を急ピッチで駆け上がってきたような子です。踊り場がないおかげで常に進化しながら上がってきました。

「このショットが打てるまでは試合では使わない」などと言ったことはありません。基礎練習しかしないとか「地味なことを根気強く」などとアピールせず、テニスを楽しむことに軸足を置いてきました。

目の前に大会があれば「この技ができたら、もっと上手に試合ができるよ」と言って、サイドラインぎりぎりのパッシングショットの練習をする。練習する間に同じシチュエーションで入らなかったボールが入るようになります。

すると、また次の発見があります。ショットは相手コートに入っているけど、ボール（のスピード）が遅すぎるから、もう少し速いボールを打ってみよう。

「そうすれば、もう一段上のレベルに行けるよね」

すると、圭は目を輝かせて練習に取り組みました。

第3章

僕の原点

僕の原点

スポーツというカテゴリーに僕の居場所はなかった

小学3年生のとき、難病にかかりました。激しい腹痛で病院に行き、盲腸との診断で手術。開腹して発見されました。クローン病。腸に炎症が起き、放置すれば危ない病気でした。数か月入院し、すごく痩せました。命を救ってもらい、子ども心に「お医者さんになりたい」と考えるようになりました。

そのように病弱な子どもだったからか、もともと運動神経が悪かったのか、スポーツというカテゴリーに僕の居場所はありませんでした。町内の小学校対抗サッカー大会でA・B・Cと3チームを編成すれば、断トツCチームの34番目の選手でした。つまり補欠。サッカーボールを蹴ることもなく、一日を運動場の朝礼台の横で過ごしました。

かけっこも遅かった。母親によると、幼稚園のころ近くの祖母の家まで歩いていく僕は、常に三回転んだそうです。ですから、スポーツとはおよそ無縁な人生を歩むであろうと自分でも考えていたし、周囲もそう思っていました。

一方で、田舎の自然の中でのびのび育ち、生きる力が育まれたのは確かです。農家だった祖母の家にあった椿の木に登って、アケビの実をメジロの隣で一緒に食べたりして一日を過ごしました。

家族は、両親と妹が2人。父は農家の9人兄弟の四男で、自分の手で自宅を造成する石垣を積んで家を建てたそうです。そういうことができる人だったので、可愛がっていたインコの部屋をつくると言って自分で鉄骨の小屋を建てたりするなど、自分の力で生きていく人間力がある人です。父にしても、看護師の母にしても、尊敬できる人でした。

看護師の母親は土曜日も仕事なので、学校が半ドンで帰宅すると、食卓に千円札が一枚置かれてました。

「これで妹たちにお昼ごはんを食べさせて」と言われていました。

「どうすれば、千円で最もリッチな食事ができるか」

これは、小学校低学年くらいからずっと僕のテーマでした。その影響かはわかりませんが、目先のことをどうするかと考えたりするのが習慣になっていました。焼き飯やラーメン、うどんにカレーライス。妹たちが「おいしい」と言ってくれるとすごくうれしかったのを覚えています。

5〜6年生になると腕を上げて、シュークリームまでつくってしまいました。僕が食べた一番おいしいシュークリームは、自分で手づくりしたものです。今はもうつくらないので、妹たちも

「おいしかった」と懐かしがります。

高校時代は文芸部や映画同好会、スポーツ部活からはかけ離れた生徒

中学の体育の成績は普通でしたが、垂直跳びは学年で一番でした。母親が短距離をやっていて国体にも出ているくらいだったので、そのＤＮＡが成長して少し現われました。剣道もやりましたが、ドン臭い子でした。

中学校でバスケットボール部に入ったのですが、いろいろあって辞めてしまいます。高校入学時に剣道部とバドミントン部の練習を見に行って、どちらも「これを３６５日やれって言われたらできないな」と感じて入部は断念。文芸部や映画同好会に入って、本を読んだり、粘土の人形でアニメーションをつくったりしていました。

スポーツをやる子は高校で部活にどっぷりつかる、というのが日本の既定路線だとすれば、まったくかけ離れた生徒でした。

ところが。

高校卒業間近な3月の上旬だったと思います。何となくテレビをつけたら、僕の親戚のおじさんによく似た外国人が映っていました。

「おっちゃんにそっくりだ！」

最初は画面を指さしてゲラゲラ笑っていたのですが、しばらくたつと食い入るように見てしまいました。

おっちゃんそっくりなのは、米国のテニスプレーヤー、ブライアン・ティーチャーでした。1980年全豪オープン男子シングルスの優勝者。190センチの長い腕から繰り出す弾丸サーブが彼の武器でした。ティーチャーが対戦していたのは、スウェーデン人のビヨン・ボルグ。ジミー・コナーズやジョン・マッケンローとともに、70〜80年代に男子テニスの黄金時代を築いた名選手のひとりです。このプラチナ対戦は「セイコースーパーテニス」という大会の中継でした。

テニスというスポーツに注目したことがなかった僕なのに、この2人のプレーを見て「すごい面白そう」と胸が高鳴りました。

スタンプシールでテニスラケットとシューズを交換

それから僕は、母に「スタンプシールを譲ってほしい」と両手を合わせ仏壇を拝むようにして頼み込みました。当時、スーパーで買い物をするとスタンプシールがもらえて、商品と交換することができました。決して裕福な家庭ではなかったので、現金はない。けれど、シールが引き出しの中にたまっていることを僕は知っていました。

母が辛抱強くためにためたシールで、僕はテニスラケットとシューズを交換してもらいました。あそこで母が虎の子のシールを僕に譲ってくれなければ、僕とテニスの出会いはなかったかもしれません。

さらにいえば、ティーチャーがおっちゃんそっくりでなかったら、と思うと、感慨深いものがあります。

僕が圭をつぶさずに済んだ理由

福祉系大学のサークルで競技生活をスタート

高校卒業後は、香川県にある福祉系の大学に進みました。

「8歳でクローン病にかかって決意したことを貫いたのです」と言いたいところですが、実は最初から最後まで失敗の連続でした。母親が看護師だった影響もありドクターになりたかったけれど、理数系の頭脳がなかったため成績もごく普通でした。「人間のドクターが無理なら獣医」と考えましたが、それも無理。そこで社会福祉系の大学に入ります。が、授業で車椅子の学生のケアをローテーションで二度ほどしただけで「これが365日の自分のルーティーンになるのか？　俺大丈夫か？」と不安になり、結果的に挫折してしまいます。

福祉ではなく、テニスに目覚めた僕は、すぐにサークルで競技生活をスタートさせました。初心者なのに気軽に入れたのは、テニス部ではなくサークルだったからです。ところが、サークルでも、同好会でも、部でも、練習量は同じでした。成績が良ければ大学からたくさん部費がおりる「部」になれます。どうせしんどいことをやるならと、部への昇格を目指すことに。僕らが卒業するころには部になりました。

テニスの虜になったひとつの理由は、ラケットの素材が木製からアルミやグラスファイバーへと進化したことです。この変化に伴ってラケット自体が大きくなり、僕のような初心者でもボールを打ちやすくなりました。

道具が進化し続け、常にそれに合わせた新しい技術が開発されてゆく時代にテニスを習得できたことは、大変幸せでした。毎日が工夫で、飽きたり、自分の限界を感じて諦めるといった感情を抱く暇さえありませんでした。さまざまな技術習得のヒントを自分なりに発見できたこともその後コーチを目指す大きなきっかけになりました。

加えて、幸か不幸か大学を留年した5年の春に大会に出場でき、シード選手に敗れたあとで「あとこれとこれ、二つのことができれば対等に戦える気がする」と感じました。

「こんな自分が初心者から丸4年間でここまでできるなら、高校で軟式テニスを経験した選手は丸3年もあればできるはずだ」と考えました。

そこで、高松市内のテニススクールでフルタイムでアルバイトコーチとして働きながら、軟式経験者の大学の後輩に「バックハンドのストレートショットだけ。これができるだけで勝てるはずだ」と球出しをして大会に送り出しました。すると、彼は中四国の大会でベスト8まで進出しました。このあたりからテニスを教える人生を考え始めました。

この5年間が、僕のコーチとしての原点だと思っています。

大学5年で島根県内の運送会社に内定をもらいました。その関係に勤めていた父親のつてです。ところが、地元に戻ってサラリーマンとして働く自分の姿が、なかなか気持ち良く想像できませんでした。それよりも、このままテニスを指導したい、コーチングを極めたいという思いが頭をもたげてきました。

松江に帰り、父親に「もう少しテニスのコーチをやりたい」と頭を下げました。僕が父親に反抗したのは、それが最初で最後でした。すごく怒られると覚悟しましたが、父は承諾してくれました。その少し前、夏に両親が「正樹も大学を卒業するし、四国も最後だから」と、徳島の阿波踊りを見るという名目で僕のところに来た際に僕のレッスンを見てもらっていました。指導している姿を見た父は、息子なりに頑張ってるからまあいいかと納得したのかもしれません。

高松のテニススクールは、テニスブームの時代だったので５００人を超える生徒数で、１面９〜12人の生徒をどう動かして楽しく汗をかいてもらうかに一生懸命の毎日でした。スクールに勤務していた妻・貴代美と出会い、結婚もしました。その後、新設される丸亀市のテニスクラブにヘッドコーチで来ないかと誘ってもらい、丸亀に移ったのですが、こちらでのスタートは生徒総数24人。最初はひとりですべてのレッスンをこなし、少人数なのでプライベートレッスンのように対話しながらレッスンする方法で、少しずつ会員が増えていきました。

プロコーチとは名ばかりの食えない時代

20代の終わりに松江に戻ることにしました。なぜ帰ったんですか？　と聞かれたら、僕は「島根県ルールなんですよ」と答えます。「島根では長男は地元に帰るものと決まっているんです」けれど、松江でテニスのコーチとして食べていけるものなのか、非常に不安ではありました。ダメなら、他のことでアルバイトでも何でもやるしかない。でも、転職するなら30歳までにしないとパワーが残ってないだろうとも考えました。

１９８９年。松江に戻った僕は「カシワイテニスサービス」という個人の会社をもって、大人のレッスンを始めました。プロのテニスコーチとしての収入は10万円ちょっとでした。ある日、60歳過ぎた両親が「私らがレッスン受けてやるよ」と言ってくれました。親が近所の人たちや友達を集めてサークルをつくってくれたのです。その人たちに日曜日の夜、レッスンをしていました。それは今でも続いています。

レッスン生は自分の親。プロコーチとは名ばかりの、食えない時代でした。親にしてみれば、ふざけた息子です。テニスサークルに参加し、息子にレッスン料を支払うのですから。同居する実家に少し生活費を入れましたが、多少でも同じお金が行き来しているようなものです。そのように親や近所の方たちの助けがあったおかげでなんとか生活できました。

Uターン2年目に、現在もお世話になっている「グリーンテニスガーデン」から声がかかりました。オーナーの舟木さんに息子さんがいました。ジュニアがやりたかった僕が、そこを本拠地にして優先的にスクールとしてコートを使っていいと言ってもらいました。そんな経緯で、圭が8年通った「グリーンテニススクール」が誕生したのです。

91年にグリーンテニススクールがスタートしたあと、違う場所に新たなスクールをつくる話が持ち上がったことがあります。同級生がスーパーとかいろんな店舗が入った商業施設をつくって駐車場の心配がいらないから、そこにテニススクールを、という構想でした。土地代、施設の工事費等々試算してみたのですが、「工事費の返済が追いつかないから3カ月でつぶれる」となり、実現しませんでした。

万が一つぶれずに経営できたとしても、圭の自宅からは遠くなるので彼とは出会えなかった。そのときは少し悔しかったですが、やらなくて良かったと今は思います。

このように、僕の選手歴やコーチ歴は、一流選手を育てた他の指導者とはかなり異なります。ほとんどの方は、体育系の大学でテニスを続け、そこでコーチングも学んでいます。ところが、僕の指導はすべて独学です。

「テニスは大学から始めました」

「高校時代ですか？　文芸部です」

圭が世界に羽ばたいたあと、取材を受けた際にそう話すと「えっ？　本当ですか？」と驚かれます。

世界の錦織圭を5歳から8年近く育てたコーチ。

それが私にもっとも多く向けられる視線です。よって、記者のみなさんは「昔は凄い選手だったに違いない」との期待を持って松江まで来られます。

期待を裏切ってしまい申し訳ないくらいです。ただ、それだから良かったのかもしれない、とも思います。

僕は選手として大成功したわけではありません。

大成してないから自分に自信がない。

だからなのか、「教える相手（子ども）は、どう感じているのかな？」と察することのできるよう常にアンテナを張るようになりました。相手を「感じる」ベースがつくれたのです。

テニスを始めたのが、ある程度大人になってからだったので、初めてラケットを握るときの気持ちを具体的に記憶しています。道具の進化とともに学べたのも大きかった。

「これでいいのかな？」といつも自分のコーチングに対し、問いかけながら修正してきました。

僕が選手を連れて最初にアメリカに行ったのが、27歳のころです。指導を始めて5～6年目くらいでした。

近くのコートに16歳の全米トップランカー（ランキング上位）の男の子が練習していました。練習終了間際につかまえ、片言の英語で尋ねてみました。

「フォアハンドの手首って、どう使うの？」

それはこうだよと、自分の手を動かしながら見せてくれました。

驚きました。当時はトップスピン全盛で、フォアハンドの手首は地面と垂直に立てて、下から上方向に車のワイパーのように動かす（ワイパースイング）のだと思い込んでいたのが、彼らはワイパースイングしながらさらに上から叩きつけるように手首を使って、よりスピードのあるスピンショットを打っていました。

「はあ、なるほど……。ああ、アイ・シー、アイ・シー」（わかった、わかった）

思わずこの単語を何度も繰り返してしまいました。

だから、彼らのボールは強くて、速くて、スピンがかかっているのだ。じゃあ、こするも叩くも、ストロークのなかに両方なくてはダメだなと痛感しました。

自分が思っていることが間違っていなくても、それがすべてではない。そんなことは、たぶんいっぱいある。常に試行錯誤しながら新しいやり方を見つけて、どんどん試してみる。アジャストすれば引き出しに入れておく。それに合う選手と出会ったら、引き出しから引っ張り出す。そういったことを学んできました。

だからなのか、いまだに「こうあるべき」という信念が僕にはありません

でも、それだから、圭の才能もつぶさずに済んだ。そう思っています。

初めてのチャンピオン

ジュニアを見られるのがうれしくてたまらなかった

僕が育てた一番最初の島根県チャンピオンは、福間竜君、舟木俊平君の２人です。テニスクラ

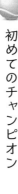

ブのオーナーの息子でもある舟木君のほうが小学生時代は強く、最初の県チャンピオンになったのは舟木君です。同級生の2人が、勝ったり負けたりして切磋琢磨して強くなりました。圭が頭角を現わす以前に、彼らが中国ジュニア選手権で優勝し、全日本ジュニアに出場していました。

2人がテニスを始めたのは小学3年生。テニスクラブ設立と同時期です。オーナーの舟木さんはテニススクールとしてジュニアを指導するなら、本拠地が必要だろうと、ジュニアを育てるためにコートを優先使用することを認めてくださいました。おかげで、あちこち移動する時間を省き、ナイター前の時間帯に腰を据えてジュニアレッスンをすることができました。

2人は全体練習のない日にも、夕方コートにやって来てプライベートで練習しており、僕はその練習を見ていました。ゼロから最初に見たのが彼らです。ジュニアを見られるのがうれしくてたまりませんでした。

ジュニアの時期に何をしておくべきか

そもそもテニスのコーチになりたいと思ったのは、子どもを教えたかったからです。僕自身、テニスを始めたのは大学からだったし、周りも初心者の学生ばかりだったので、僕も他の学生も「もっと小さいときからテニスを始めていれば」とよく話しました。

僕も、大学の初心者の後輩たちも一生懸命テニスに取り組んでいました。でも、限界がある。「こういうことがもっと早くからできていたら」と何度思ったかしれません。そうすれば、もっと自由な18歳や19歳のテニスができたのにと痛感したのです。

自分の教えている子が全国大会で勝ち上がるとか、そういうことになってほしいとは思っていました。ただ、いきなり勝てないこともわかっている。じゃあ、勝てるようになるにはどうしたらいいのか。僕らのようにあとで後悔しないよう、どんなことをジュニアの間にまんべんなくできるといいのか。そんなことを毎日考えていました。

どんなスタイルで試合をするかは、その子のパーソナリティーですし、その子の自由意思です。ただ、できないことが多いと、そこは相手から必ず狙われる。ならば、できないことがすごく少ない。そのうえで「僕はこれが好きだから、こうする」例えば、ボレーが好きだから、サーブ&ボレーで勝つ。そんなふうな戦い方ができればいいなと思っていました。

集める子どもの数は、100人を目標にしました。「100人にひとり」という言葉があるのだから、100人のジュニアを集めればひとりタレントがいるかもしれない。そんな単純な発想からです。

まずは100人のジュニアを集めるスクールを展開しようと、入門（初心→初級）、一般（初級→中級→上級）というテニスを楽しむクラスと、選手養成コース→トーナメントクラスという競技選手を目指すクラス。これら二つの階層でレッスンを行いました。

グループレッスンとプライベートレッスンを使い分ける

プライベートレッスンは、圭は4つ上の姉と一緒に、小学校中学年のころから始めました。プライベートで練習する内容は、ほとんどがゲームやポイントマッチです。

また一方で、圭はグループレッスンも受けていました。2時間ずつ週に3回。プライベートレッスンは土日の僕の空いている時間に2時間ほどでしたから、グループレッスンの練習量のほうが多かったはずです。

そこでは、ひとりではできない負荷の高い練習を課しました。チームで練習する目的は、ひとりでやるとしんどくて音をあげそうになることをやる、という考えがあります。例えば、吐いてしまうくらいしんどいことはひとりではできないものですが、チームで声をかけ合ったり、騒ぎながらだったらやれます。チームで負荷を上げてやっていく。そこに競争も生まれてくるから、さらに激しくできる。

ライバルとともに体力的に厳しい練習をする。それがグループレッスンという認識です。だから、グループで練習するときは選手に「とにかく動きなさい」と言います。プライベートレッスンで戦略的なことができるのであれば、グループレッスンはそれだけでいいと考えていました。

ボールセンスとゲームセンス、足りないほうを身につければ全国ベスト8

テニスのセンスには、ショットを自在に表現できる「ボールセンス」と、いつどこにどんなショットを打つかを選択し表現できる「ゲームセンス」の二つがあることを、すでに第1章でお伝えしました。福間君は、当時集まったジュニアの中でも「ゲームセンス」に秀でていました。当スクールを卒業して大学に進学した橋本祐典君や、現在もスクールで活躍している細木咲良さんは「ボールセンス」に秀でています。二つのセンスのうちどちらかが秀でていれば、足りないほうをトレーニングで身につけられる。そうすれば、全国ベスト8くらいまでは行けるということです。

圭は「ゲームセンス」と「ボールセンス」を併せ持っていました。よって、「1万人にひとりの選手」と表現しましたが、僕が次に1万人目の選手を指導することになるのはいつのことか。少しばかり気が遠くなります。

とはいえ、僕が指導するグリーンテニススクールではほぼ毎年、中国地域大会の12歳以下から18歳以下のどこかのカテゴリーで優勝者を輩出しています。このことは選手たちの頑張りとともに、僕らコーチの幸運に感謝しなくてはいけません。

〈柏井正樹　指導歴〉

●指導実績

２００４年　日本テニス協会　優秀指導者賞（オリジナルコーチ：錦織　圭）
２００５年　日本体育協会　公認スポーツ指導者等表彰
２０１２年　日本プロテニス協会　優秀コーチ賞

●中国ジュニア選手権優勝者（グリーンテニススクール選手分）

１９９６年　福間　竜・舟木俊平▽U14ダブルス
１９９７年　福間　竜▽U16シングルス
１９９９年　福間　竜▽U18ダブルス
２０００年　福間　竜▽U18ダブルス
２００１年　錦織　圭▽U12シングルス
　　　　　　錦織　圭・的野貴介▽U12ダブルス
２００３年　的野貴介▽U14シングルス
２００４年　田村　礼▽U12シングルス
２００５年　飯沼梨紗▽U14ダブルス
２００６年　的野倫平▽U14ダブルス
２００７年　飯沼梨紗▽U16ダブルス
２００８年　橋本祐典▽U12シングルス
２００９年　橋本祐典▽U14シングルス
　　　　　　的野倫平▽U18ダブルス
２０１０年　橋本祐典▽U14シングルス、U14ダブルス
２０１２年　細木咲良▽U12シングルス、U12ダブルス
２０１４年　細木咲良▽U14シングルス、U14ダブルス
２０１５年　細木咲良▽U16シングルス、U16ダブルス

●全国大会（おもな戦績）

２００１年　錦織　圭▽全国選抜ジュニアテニス選手権（U12）優勝、全国小学生テニス選手権優勝、全日本ジュニアテニス選手権（U12）優勝
２００６年　的野倫平▽全日本ジュニアテニス選手権（U14ダブルス）準優勝
２０１０年　橋本祐典▽全日本ジュニアテニス選手権（U14）ベスト４、全国中学生テニス選手権　ベスト４
２０１１年　橋本祐典▽全国選抜ジュニアテニス選手権（U15）ベスト４

耳に入れたら脳みそに回せ

「（テニスの）素質があるな」とコーチがすぐに気づける子は、実際そんなに多くはいません。だから、「そうでもないな」と思った子がこちらの想定外の成長を遂げると、僕らはとてもうれしい。周囲の「想定外」のところまで選手を伸ばす。これこそ指導者の醍醐味なのかもしれません。

僕のスクールで「そうでもなかった子がこんなに伸びた」という例のひとつは、福間君と舟木君でしょう。すでに福間君がゲームセンスに秀でていたと書きましたが、対照的に舟木君はボールセンスの塊でした。彼は非常に速いストロークを打てる子でしたが、福間君はストロークが苦手。ストロークの打ち合いになると舟木君が絶対強いのです。

私は考えました。福間君がもっとネットに出てくれれば、舟木君のストロークをもっと伸ばせる。高度な打ち合いでもネットプレーに対してでも、対抗できるストローク力をつけられる、と。対する福間君を伸ばすには、舟木君の手ごわいボールを受けること。それによってネットプレーが磨けます。現在の潮流はネットプレーが少ないテニスですが、当時はサーブ＆ボレーはよくある戦術のひとつでした。

福間君に対しては「舟木に勝つためには、もっとネットに突進しろ」と話します。舟木君には「ネットに出てくる福間みたいなヤツに対して、どうやって出られないようにするか。出てこられたらどう対処するか」を考えさせました。このように、直近にライバルをつくってライバル同士で競わせるのです。

それとは逆に、タイプが一緒でストローカー同士だったりすると、どちらかが少しでも強いと片方は腐ってしまいます。まったく異なるタイプなので、反応はすごく面白かった。本人たちもやっていて楽しかったと思います。

「俺はこれで勝つ」と思っていることがあると練習にのめり込みやすいうえ、それを試せるライバルが近くにいる。この人的環境は、両者にとって好条件だったに違いありません。

「練習しました↓相手に試してみました↓使い物になりませんでした↓だからもう一度練習します↓相手に再び試しました↓上手くいきました↓じゃあ次はこんな技術戦術を練習してみます」

このような成長のサーキュレーションがスムーズに回ります。違うタイプで、同級生。テニスというスポーツではこれ以上ない「好敵手（ライバル）」になることを、私も学ばせてもらいました。

パワーテニスの時代

彼らが小中学生だった1990年代の序盤は、ボリス・ベッカーやステファン・エドバーグなどサーブ&ボレーを得意とするボレーヤーが活躍していました。それから四半世紀過ぎようとしている現代は、パワーテニスの時代と言われています。2メートル近いビッグプレーヤーが200数十キロのサーブを打ってきます。

以下は、2016年シーズンの世界ランキングトップ10（2016年4月末時点）の選手とその身長です。

1位　ジョコビッチ　188cm　　6位　錦織　178cm
2位　フェデラー　185cm　　7位　ツォンガ　188cm
3位　マリー　191cm　　8位　ベルディヒ　196cm
4位　ワウリンカ　183cm　　9位　フェレール　175cm
5位　ナダル　185cm　　10位　ラオニッチ　196cm

170センチ台は圭とフェレールの2人だけ。それ以外は、190センチ前後のパワーヒッターばかりです。日本選手が彼らにどう対抗していくかといえば、かなり多くのファクターに注目しなくてはいけません。それらは強者に抗うパワー、脚力とスタミナ、そしてゲームセンスとボールセンスなどが挙げられます。

自分で考えられる人になってほしい

テニスは個人競技ですが、言葉の理解力や、他者とのコミュニケーションが非常に重要です。ダブルスや団体戦もありますし、何よりコーチと円滑にコミュニケーションできなくてはなりません。

僕は子どもたちに自分で考えようとする人、考えられる人になってほしいと思っています。

「目で見て、耳から入れた情報は、いったん脳みそに回せ」

情報は通常脳に入るのですが、子どもたちを観察しているとどうも脳みそに入っていない気がすることが少なくありません。自分が順番待ちしていて、前の子が打っている。その足元にボールが転がったのを発見したら、その子のボールをさっと拾ってあげれば、その子はボールをどける時間なしにずっと打ち続けられる。すると、自分の順番が早くきて結果的にたくさん練習できる――例えば、そんなことを考えてほしいのです。

なかなかそうならないので、あらかじめ説明しておきます。

「例えばさ、後ろに並んでいる子に『足元のボールをよけといて』って僕が言ったときは3番目の子に言ってるんだ。2番目の子が取りに行ったら2番目の子の順番が来たときにローテーションが1回止まってしまうよね。だから3番目の子に行ってねって言ってるんだよ。考えればわかるでしょ。できるだけコート（の中の人）を動かしたいんだよね。だから、手の空いてる人がボールを集める役をすれば流れが止まらないから、結果的に自分がたくさん練習できるよ」

「しかも、自分がコートに入ったときに、ボールがある、気になるなあって思わなくて済むでしょ。自分の中に、誰かが拾ってくれるさ、みたいなことがないかな？　ちゃんと見てて、アッと思ったら、パッと動けるヤツは、試合してるときにアッと思ったらパッと動けるんじゃなかかな？」

とにかくいろんなことができたらいいなと思いながら、その子のマックスまで力をつけられるようにと指導してきました。テニスの指導者は個性や好みが強いと似たような選手を輩出してしまう傾向もあります。僕自身はサーブ＆ボレーが得意な選手で前に出るのが好きですが、今のところ、教えた子はみんなバラエティーに富んでいます。

最初に全国大会に行った福間君はサーブ＆ボレーヤー。圭はオールラウンド・プレーヤーだったし、圭よりやや守備的なストローカーが全国4位までいった橋本君。いま高校生の細木咲良さんという女子選手はフォアもバックも両手打ちで、ちょっとスライスっぽいフラットでエグい球を打ちます。中学3年生のときの国体で、高校チャンピオンに勝ってシングルスベスト4になりました。

「これじゃなきゃダメ！」がないところがテニスの楽しさだと思います。

体のトレーニング

自分の思い通りに体をスムーズに動かせるようになるために

トライ&エラーを繰り返しながらコーチとしてキャリアを重ねるごとに思いを強くしたのは、ボールセンスやゲームセンスを磨くにも、肝心要の「からだ」を自分が意図したように動くようにつくっておかなければならないということです。決して運動神経のいい子ばかりが集まるわけではないこともひとつの理由です。

そこから、テニス選手としてのアスリートの体や動きの精度を上げていくためのトレーニング法を具体的に学び始めました。テニスのボールとラケットを使った練習ではない体幹トレーニング、ストレッチ、あるいはコーディネーション等々。自分の思い通りに体をスムーズに動かせるようにする方法を自分の中にインプットしては、子どもたちにアウトプットすることをずっと続けてきました。

「コーディネーション・トレーニング」は以前から僕も知っていました。目と手を上手く連動させることだったり、横にジャンプしても軸がブレないことだったり。例えば、伸びきった体でボレーしたのに、また逆側に出されたボールをもう一度戻ってきてボレーする。そういった太極拳みたいな動きをしても、バランスはブレない。それをさらにスピードアップさせたバージョンもやらせていました。

一日30品目食べる

栄養摂取についても、スポーツ栄養士の方に「コーチが強制したり、ルーティーンではない状態では良くない」と言われました。自発的にやったほうが長続きするからでしょう。

コーチになりたてのころは「一日30品目食べろ」と言いました。ジュニアの中国大会に帯同して会場入りしたら、選手をコンビニに連れて行きました。試合のため朝の出発が早いので、ホテルの朝食がまだ用意されていない。そのためコンビニで買って、昼食もまたコンビニで購入します。

「今日何食べた？　一日30品目食べんだぜ」

ホテルで夕飯を一緒に食べるときに尋ねると、子どもたちは小さな指を折って数え始めます。足らなさそうな子は「マヨネーズも入れていい？」などと言い必死です。昼は消化のいいものを食べないといけないから、お肉とか食べないようアドバイスしています。

「たらこパスタ食べた」という子は海苔を入れても3品目しかないことにがく然とし、ザワザワと相談し始めます。

「25しかないじゃん、あと何を食べる？　補助食品、何を入れたら30になる？」

小さい子はもうそんなに食べられないので「明日の朝ごはんが勝負だね」と励まします。

翌朝のコンビニでは、それぞれの買い物かごを見ながら野菜ジュースなどを勝手に入れてしまいます。親御さんは「コーチ、30品目食べろって言われたそうで……頑張ります」と奮起します。

「応援できるのはそこしかないので」と言ってくださると、こちらもホッとします。

本人が希望を持ってテニスを続けられるようにしてあげたい

僕の中には「小学校高学年になったら中国大会で勝てるようにしたい」というひとつの目標があります。そのくらいの年齢までに「テニスって面白い」「中学に入っても部活に入らないでテニスを続けよう」と思ってくれるようにしたいからです。

そうでなければ「仲良しの友達と一緒の部活に入るからテニス辞めます」と言って、辞めていく子を引き止めることはできません。島根県では、硬式テニス部のある公立中学校が実はゼロなのです。

圭が14年の全米でファイナリストになったとき「テニスブームの再来か？」といった報道があ

りました。「うちの子も錦織圭に！」と夢見る親御さんが子どもを連れて首都圏のスクールにはたくさん集まったようですが、島根県松江市はいつもと変わらない静かな日々でした。

そう簡単には、みなさんテニスを選んではくれません。ですから、ある程度才能のある子は、小学生の時点でそれなりに勝っておいてもらわなければいけません。本人が希望を持って続けられるようにしなくては、島根のテニス界に明るい未来は訪れません。

「その子ができるマックスまで上手くしてあげたい」

本気でそう思っているので、一番になってない子でもテニスを続けてくれます。確実に上手くなっているけど、もっと上手くなりたい。そう思って努力する子は、小学校時代は目立たなくても、中学でグッと伸びたりします。前出の福間君がシングルスで中国大会を初めて制したのは、高校1年でした。僕の力不足かもしれませんが、それぞれ成長の速度は異なるため遅咲きの子もいます。

テニススクールの三つの基本理念

講演などで、よく「うちのスクールの本質」を話します。

①テニスはたかがスポーツ。楽しまなければ損。楽しくなければやる意味がない。

②テニスはゲーム。勝たなくては楽しくない。技術的に高くない選手でも、戦略を工夫すれば、

自分より上の選手を負かすことができる。

③さらに上の技術や体力を身につければ、試合はもっと面白くなる。

この三つが、基本理念です。

スクールには小学1年生から80歳以上まで通って来ます。「プロを目指します」というジュニアから、週1回仲間とおしゃべりすることが目的の生徒たちまでいます。でも、全員に僕は真剣に向き合います。

「いつ、どこに、どんなショットを打てば相手を追い込めるか？」

「どうすればそのショットがそこに入るか？」

それらについてのアイデアを、対等に提供します。それに加えて、楽しさのオブラートに包み、毎日の精進を生徒たちに強いることが僕の日々の仕事になっています。

苦い思い出

もう少し教えられることがあったのではないか

途中でクラブを辞めた子はいっぱいいます。ほかのクラブに移ってしまった子もいれば、中学に入ったら友達とソフトテニス部に入りますと言った子もいます。部活に硬式がないので仕方ないのかもしれません。

「高校になったら戻る」というので、それでは中学の3年間がもったいないから続けようよ、と言っても辞めていきます。友達との時間を共有することのほうが、テニスそのものよりもウエイトが高いのでしょう。それも、仕方がないといえば仕方ありません。途中で辞めずに大学進学まで通って来てくれたとしても、ほとんどの場合、僕の中には悔いを残しています。もうちょっとやっていれば、勝たせられたのではないか。そう思うことのほうが多い。

圭に対してさえ「もう少し教えられることがあったのではないか。あのころにやるべきことがあったのではないか」と悶々とします。誰を思い出しても、自分のやったことにはまったく自信がありません。「ちゃんとできたな」と思ったことはない。

子どもには「ベストを尽くしなさい」と言いますが、自分がベストを尽くしてるか？　と自問自答したら、言葉を濁すかもしれません。

「何か失敗はありますか？」と聞かれることもあります。その答えも難しい。正解だったかはわからないです。全部失敗のようにも思えます。

とはいえ、個人的な感情だけで叱ったり、暴力をふるうような指導は過去にもしたことはありません。生理的に嫌悪感があります。僕らは子どもにテニスの楽しさを教えるのが一番の目的です。厳しくすることと、殴ったり怒鳴ったりすることとはまったく違うと思います。

スポーツ現場の体罰は、大阪のバスケット部の高校生が自殺したあと、急激に消えていった気がします。もちろん、試合会場に行けば、すごい剣幕で怒っている人がいて、誰も見てなかったら鉄拳飛ぶんじゃないか？　と心配になるような感じのコーチもいなくはありません。

ただし、「罰走はさせるな」とか「罰練（習）は体罰だ」というネットなどでの反応には、「うわべだけ見ないでね」と言いたいです。

僕は、小学校の低学年のクラスのときは「正しい腕立て伏せ講座」という名目でレッスン中に腕立てを教えました。そして、それを「今、最後までボールを追わなかったね」と罰練にして正しい形のトレーニングの反復練習に充てます。高校生になったら、ジャンプ30回、腕立て伏せ30回と回数も増えます。大きくなって正しいやり方でできるように、ウエイトトレーニングをするようになったときに役立つように、小さいときから準備をさせておきます。

「不条理な罰ゲーム」というものも、確かに存在します。それがあっても、雰囲気としてその罰ゲームを楽しんでいる状態であれば問題ないと思います。

「やらされてる感」がある練習は意味がない

もちろん、そこに「やらされてる感」が伴うなら良くないのですが、前向きにやっているのなら構わない。「やらされてる感」がある練習は、それ自体やっても意味がないと思っています。

ただし、一年に一度も「やらされてる感がない」という選手はいないと思います。もともとテニスに対するモチベーションの低い子が、モチベーションの高いグループに入ってしまうと余計やらされてる感は募るでしょう。その子のバイオリズムで「今日はテニスの日じゃない」という子は、周囲がどんなに前向きな空気を醸し出していても、ひとりだけ目が死んでいます。

圭も、日曜日のプライベートレッスンで、一度だけ途中で帰らせたことがあります。小学校中学年だったでしょうか。どう見ても集中できていない。本人は「やりたい」と抵抗しましたが「また、来週ね」と言って帰しました。翌週はすごく集中した練習だったと思います。

選手がケガをしていてもやらせるというコーチもいると聞いたことはあります。ただ、僕は、ケガをした選手には休むように言います。大事な試合の前などに不運にもケガした選手は「やらせてほしい」と言いますが、させません。

「休みたくないよね。休みたくなかったら、ケガしない体をつくろうね」

ひとこと言うだけです。自分自身はテーピングでグルグル巻きにして試合に出たりしましたが、そんなものはただの自己満足です。スクールを卒業しても、選手には伸びしろを残さなくてはいけません。

第4章

戦略脳を育てる

負けん気は「殺人者の本能」

試合を楽しむ余裕を持てるかどうかが鍵

ここまで読んでくださった方は、僕がコーチとして大事にしているひとつのことに気づいてくださったと思います。

それは「工夫して伝える」ということ。

自分の言葉や思い、その子の引き出しにギュッと詰め込みたい技術や戦術が、どうしたら選手に伝わるのかをずっと考えてきました。そのコーチが持っている知識や感性がもし良いものだったとしても、万が一選手に伝わらなかったらそれはゼロに等しい。非常にもったいないことになります。

実は、僕が心がけていることは全部で三つ。

「工夫して伝える」こと以外に、あと二つあります。ひとつはこの章で述べる「勝負を楽しませる」ということ、もうひとつは第5章で述べる「モチベーションを上げる」ということです。

スポーツには必ず勝ち負けがつきまといます。つまり「勝負」です。勝つ可能性が高いほうは、勝負を楽しめた者。楽しめたのに勝てないこともあるにせよ、バタバタしたり、焦ってしまうと勝てる可能性は限りなく低くなります。つまり、楽しむ余裕を持てるかどうかが、鍵を握ります。

特にテニスのような比較的長い時間で心理戦を繰り広げるスポーツは、試合を楽しむことを意識したほうがいいと僕は考えています。

そのような観点から、勝負を楽しむメンタルを、子どものうちから刺激していきます。

「えーっ。うちの子、負けず嫌いじゃないからなぁ」

そう言ってため息が出ちゃった方は、余計に読んでほしいです。

「負けん気」は、英語でキラー・インスティンクト（killer instinct)、会話の中で使われる場合は「負けん気」「情け容赦のないさま」ですが、直訳すると「殺人者の本能」です。つまり、「どうやってあいつを殺してやろうか」と計画を練る感覚でしょうか。おどろおどろしい表現になりますが「最も効果的にこいつを殺すのにはどうするか」

インターネットなどない昔。僕らの少年時代、好奇心の塊で残酷なんて単語を知らない子どもたちはそんな策略を練っていました。例えば、ハエを捕まえて片方の羽を丸めると飛べなくなります。でも、もう片方の羽は無事なので、ピョンピョンと跳ね回ることはできます。

（反対側も丸めると、歩くことしかできなくなるかな）

思いをめぐらしながら、目を輝かせて羽を一枚一枚もいでいくと、ハエはどんどん動けなくなります。となると、羽を先にむしるほうが早いのかな？　脚を先にむしるほうが早いのか？　みたいなことを考えたりします。小さなカエルを捕まえて、その「もも肉」でザリガニを釣る、捕まえたザリガニのしっぽの「むき身」で食用ガエルを釣る。田舎の自然の中で遊んでいると、そういう発想や観察をして「どんな順番？　どっちが効果的？」みたいなことを考えました。「考える→工夫する→考える→観察する」を繰り返しやる。そんな流れが自然に生まれていました。

いかに相手の脚を止めるか、いかに心を壊すか

そういった思考は、そのままテニスにも応用できます。いかに相手の脚を止めるか。いかに心を壊すか。よく「テニスはいじわるなスポーツ」と言われるゆえんです。

とはいえ、今いる子どものほとんどは、僕らのようにハエの羽をむしって育ってはいません。日常の生活で出くわすさまざまな出来事、特に自然の中での遊びがアスリートの五感を育むのですが、そこが欠落しています。その分をコートで僕らが補うことが必要になります。

例えば、ダブルスで力の差のある選手がペアを組んでいるとしましょう。力の劣る選手が、イージーボールを3つくらい続けてミスをすると、もう一方の力が上の選手がイライラしてきます。

せっかちになったり、イライラしたり、短気になることを、関西方面では「イラチ」と言います。せっかくチャンスをつくってやっているのに、パートナーが据え膳をひっくり返すようなことを繰り返すので、イラチになりがちです。

そんな状態のペアと対戦する場合は、イラチになっているほうにわざとチャンスボールを送ります。心が乱れているため、無駄に強打してミスしてしまいます。すると、そのイラチになっている選手の心の糸がピシッと切れる音が聞こえます。もともとその選手がイライラするもとをつくった力が下の選手には、力が上のパートナーに施せるメンタルケアはありません。そのため、このチームは崩壊します。

よくあるのは、失敗しているほうにボールを集める作戦です。一見するとポイントが稼げそうですが、そうしている間は「力が上」が「力が下」をメンタルケアし続けるため、崩壊には至りません。ですから、キレそうになりながら耐えている側にあえてボールを送ってミスさせるわけです。

「実力が上のほうを壊してしまえば、メンタルサポーターはいなくなりますよ」

こういったことを大人には話します。

悪魔のささやきで負けん気を磨いてゆく

子どもに対しては、ほかの選手の試合を観戦しているときに話します。

例えば、県の強化練習会では、ほとんどの場合ずっとゲームをさせます。基本練習はそれぞれのホームチームでやっているわけなので、せっかくいろいろなチームからトップの選手が集まってきているので、どんどん対戦してもらいます。

ほかの選手がトレーニングマッチをしているのを、コートの後ろで子どもたちと一緒に観ます。

「ありゃりゃ。今のチャンスボール決められなくて、あいつキレそうだよね。もう一度今のようなチャンスボールをさ、走って打たなきゃならないように、1打前にわざと深く打っといてから演出したら、（動きながら打たなければならないので）ミスるかもしんないじゃん」

「ま、もしかしたら決まるかもしれないけど、決まるとしたらクロスだから（長いボールのため返球に時間がかかるから）こっちも頑張って守れる。でもそのチャンスボールでミスってくれたら、完全に相手、キレへん？」

ボソボソと悪魔がささやくように伝えます。「こうすれば、ヤツは何もできなくなる」というような感覚です。そして、そんな「悪魔のささやき」が本当にハマると、子どもがその通りに実践してしまう。そこからワッと流れが動いてしまう、みたいなことは本当に起きるのです。

悪魔のささやきを認識し、想像できる選手は負けん気を磨いていくのです。

「ひどいことするね」という僕の言葉にニヤッと笑う小学生

第1章で述べた、圭が6年生で出場した全小の試合を思い出してください。シコラータイプの選手にはラリーで付き合い、パコラータイプの選手にはハードヒットで付き合う。すなわち、相手の土俵で相撲を取っておいて相手を上回るやり方なのですが、相手からすれば、「君、そのままじゃ勝てないよ」、そんな言葉を投げつけられている気持ちだったに違いありません。自分ができることを一つひとつ摘み取られていくのですから。

試合が終わって、「ひどいことするね」という僕の言葉にニヤッと笑っていました。そのころから圭は完全なキラー・インスティンクトを持っていました。

パトリシア・コーンウェルというアメリカの作家が書いた『検屍官』というベストセラーのシリーズをご存知ですか？　ミステリー界に法医学ブームが生まれるもとになった本で、犯人のプロファイリングをする人が主人公の夫なのですが、大学で社会病理学の先生のゼミだった僕にとっては、犯人の心理を探っていくのがすごく面白かった。ここにも「キラー・インスティンクト」が出てくるのです。

実は、テニスをする人にはこの言葉を知っている人は多いです。コートの中では「いじめっ子」

だけれども、いじめられる人の気持ちをわかっているからコートの外ではいじめない。そこでは共存できるし、むしろやさしい子になれる。指導者向けのテニス教本の中に『「コートの中」と「コートの外」』という言葉が出てきます。「コートの外」は「現実世界」、「コートの中」は、いわゆる「バーチャル・リアリティーの世界」です。

コートの中では、相手の痛みを探り、そこを衝くことができる。そのような感覚がなければ、対人型のスポーツ選手には向いていないかもしれません。

相手の痛みがわかるということは、その痛みをおもんぱかることです。なので、弱いところを攻めにいくのはコートの中。それをサポートするのはコートの外でやる。他者の気持ちを理解できることは、社会に出て会社で営業成績を上げるにしても、福祉の仕事をするにしても、絶対必要なことです。

「でも、コートの中に入ったら、(ルールとマナーの下で)どんな意地悪してもいいんだぜ」

そういうことでしょうか。学校でのいじめや不登校が社会問題になっていますが、子どもにとって学校がすべてではない。価値観がひとつである必要もないし、むしろ価値観が多様化しているほうが、人としては豊かだと僕は思います。

そこで選手が混乱しないよう、保護者や周囲の大人がどうサポートできるかが重要なだけです。

負けん気は育てられるか

勝つことは面白いと思わせることが大切

さて、「うちの子、負けず嫌いじゃないからなぁ」とつぶやいた方は、こんな疑問を抱いたことはありませんか？

「負けん気って、育てられるのだろうか」

僕は、適切にやればトレーニング効果があると思います。僕の経験から言えば、選手の性格は大きくは変わりませんが、メンタルは変えていけます。

そのためには、さまざまな場面で競争させます。そして、勝ったときに心底ほめちぎります。ときには、ジュースやメーカーさんからもらったタオルを賭けてゲームをしたりします。

「勝つことは面白い」

そう思わせることができれば、勝つことに対するモチベーションが高まります。

勝ち負けにこだわる仕掛けが必要

練習でボールを単純に送って、ラリーして、勝ったね、負けたね、ハイお疲れさん！で終わるのではなく、徐々に白熱するような何か仕掛けをつくります。逆に、罰ゲームみたいなアプローチもあります。負けたら腹筋30回とか。失敗することで罰がある。しんどいことはやりたくないから、絶対負けない！　というように仕向けます。両面からの仕掛けが必要です。

もし、コートが2面あれば、どちらかを「チャンピオンコート」に指定します。勝ったら「スーパーチャンピオン」。隣りのコートは、負けたら移動する「平民コート」。そこで負けたら「大貧民」と言われてしまう。大貧民で負けたら30回、平民で負けたら20回など、罰ゲームのトレーニングをつけます。

これを普通の試合にしないで「2点先取」くらいの超ミニミニゲームでやる。そうすると、実力が抜きんでた子でも、負けることがよくある。選手は勝つ気があれば集中力が高まります。ここはちょっと勝ちにこだわってもらおうかなと思ったら「はい、罰ゲームタイムね」と始めます。

大会では結果よりも自分のプレーに目を向けさせる

ただし、普通の試合になると難しい。子どもはラベリングがはっきりしています。「あいつには勝てない」と思い込むので、一度貼られたラベルはなかなか貼り替えられません。本当にスキルの高い子に勝つのは難しい。子どものテニスの大会では、ジャイアントキリングは起こりにくいようです。規模が大きい大会だと、ひとつや二つはそんなカードがありますが、数は少ないでしょう。

ですので、結果がどうというよりは、自分のプレーがどうだったかにフォーカスしていかないと伸ばしにくくなります。そのなかで自分に対するラベリングを変えていかなくてはいけません。「別にこのくらいでいいし」とか「柏井さんが言うほど悪くないし」という具合に、自分の結果に関して負けん気が弱いと成長曲線を描けません。

そこをどう変えていくかが、コーチの腕の見せどころです。

様子やプレーがほんの少しでも変わったなと思ったときに「おおー、変わったな」と言ってあげられると、子どもは自分が変わることに関心が向きます。

「スモール・ステップ」を踏ませて、それを認めることがとても大事です。選手自身がそれを自覚していなかったとしても、変わったことをほめてもらうことで「また頑張ろう」という意欲が育ちます。

戦略脳

テニスコートは戦場

テニスコートはある意味、戦場です。

練習で、フォアに行くよと言ってフォアに構えてたら、バックにボールを出します。

「はっ⁉」って言われたら、

「はっ⁉」と言い返します。

「入ってるやん、フォアって言ってフォアに打つヤツは馬鹿でしょ。コートは戦場だよ」

決して言った通りにはしません。ただ、コイツは言った通りにはしてこないと構えている風情を見たら、たまにその通りに打ちます。裏の裏をかくのです。

「どっちだ？　って思ってるのが普通じゃない？　テニスはだまし合いだよ。どこに来ても取れるぜって、どこにでも来いって構えてたらいいんじゃない？　それが普通でしょ？」

そうでなければ練習の意味がないと話します。テニスの構えは、スイッチオンにしてスタンバイしている状態ができたら一番いい。アイコンをクリックすると、すぐ何かの画面がパッと立ち上がるようなイメージです。

ここぞと思ったときに「ブレイクポイント」「ブレイクチャンス」「ブレイクピンチ」みたいなアイコンをクリックすると、「ここは粘る」とか「ここは攻める」といった判断材料がパッと画面に出てくるような選手が、戦略的な頭脳「戦略脳」の持ち主です。どんな場面でも対応できるフォルダがあって、しかも整理されている。戦略脳を育てることによって、対応できるフォルダが増え、それがいつでも起動できる状態にあることが望ましいでしょう。

相手を読む洞察力を鍛えることで戦略脳がつくられる

テニスはどちらかといえば、あまのじゃくな人間が勝つスポーツです。だから、こんなふうにして裏をかく快感を覚えてもらいながら、相手がやってくることを読む洞察力を鍛えます。そうやって優れた戦略脳をつくっていくのです。

戦略脳には、自分自身と他人を把握する力が必要です。例えば、体操競技みたいなクローズドスキル（個人競技）だったら、自分ときちんと向き合うことができればトップになれるでしょう。けれども、オープンスキル（対人競技）だったら、対戦相手が見えなければいけないし、そこで戦う自分の状態もつかんでいなくてはいけません。今打ったボールは正しかったのか、正しくなかったのかを判断する力。つまり認知力が必要です。

僕は、子どもたちによく言います。

「どうすればいいか、自分の心に聞いてごらん」

要するに「自分で考えなさい」ということ。でも、自分の心に聞いてみようと言うと、子どもは眼球をキョロキョロ動かし始めます。

「お、考えてるね」

こちらの意向が伝わったかどうかが、わかる瞬間です。

普段の生活のなかで戦略脳をどう育てるか

普段の生活でも、さまざまなことを想像してもらおうと試みます。

遠征に行った先のホテルを朝出発するとき、使ったタオルをベッドの上に置きっぱなしにしていることがあります。

「おまえね、片づける人の身になろうよ」

注意すれば、その場は「うん」と返事をして片づけます。それが習慣化するかは別として、それを繰り返していけば自分のしたこと、自分自身のありようを感じる（認知する）チャンスは増えていきます。自分がいて、他人がいる。学校でも、家庭でも、テニスクラブでも、自分と他人を認知する訓練はどこでもできます。

練習中、罰ゲームで腕立て伏せをすることになった。15回しかできない子が20回やらされている。全員で20回ずつやるきまりなのですが、その子だけができなくて「おい、やれよ。終わんないじゃん」などと個人攻撃みたいになることがあります。

どうにも無理そうなので「どうする？」と年上の子に尋ねると「仕方ないな。あいつのぶん、みんなで5回やるか」と、床に手をついて腕立て伏せを始めます。そういう子は、人や状況が見えているわけです。「今は、その子のために自分たちが腕立て5回やるべき」とその状況を判断します。

「俺は練習したいねん、早くしてくれよ」と言ってしまう子もいれば、前出のリーダー格のように「みんなでやっちゃおう」という子もいます。

「みんなで」の子は、社会に出たら仕事ができるに違いありません。テニスが下手でも、戦略脳はある。「腕立て20回できないこの子はかわいそう」とも思ってはいますが、早く練習したい気持ちのほうが先にあります。

自分がやりたいことに早く到達するためにどうするか。その工夫をアレンジできる力は、テニスはもちろんのこと、生きていくうえで最も必要なのです。

目標に向かって自分の行動をアレンジできる

例えば、プロテニスプレーヤーになりたいとします。「じゃあ、今、君はどうしますか？」と、僕は尋ねます。

勉強もしなきゃいけない、じゃあ、いつ勉強するのか？　練習にはどんなふうに取り組むのか？　試験期間はどうするのか？　試験期間は1～2週間。その間は集中して勉強しなくてはいけません。

さて、どうしますか？　走るのだけは毎日欠かさない？　部屋の中で筋トレだけしておく？

自分でつくったタイムスケジュールに沿ってトレーニングをやっていれば、試験終了後はボール勘を取り戻すだけで、通常の練習を始められる。ところが、そこをやらずに過ごしてしまうと、通常練習に戻すまで時間がかかります。1週間体を動かさなければ、元通り動かすまでには3週間かかるのですから。

「こうなりたい」「これをやりたい」と目標を設定したならば、そのためにどうするか。その方法を選手自身がアレンジできる能力がなければ、普段のルーティンの練習を繰り返したところで効果は出てきません。

ダメなケースを挙げると、例えば大会があって「あの試合はあのフォアのショットが入ってたら勝ててたよね」と課題を見つけられたとします。

すぐにクラブに戻ってフォアの練習をしたにもかかわらず、次の週にはすぐに忘れてしまう選手もいます。そうすると、次の試合でまた同じことを繰り返すことになります。

「これができたら、こうなる」を認識して、それをずっと練習し続けられる。そこまでできた子は必ず力をつけていきます。

洞察力を磨くには

無理にベストを尽くさないことも戦略

自分の得意・不得意がわかって、自分自身（おもに性格や癖）がわかる。

加えて、相手の気持ちがわかって、相手の強いところと弱いところがわかる。

さらに、同じ相手でも、今日はやる気満々なのか、今ちょっとナーバスなのかなど、相手の精神状態がわかる。

もうひとつ言えば、環境がわかる。観客の多くが自分を応援しているか、相手寄りなのか。その環境の中に、自分と、相手がいて、どう戦うか。

それが試合なのだ、ということが理解できなければいけません。

1セット目を取れなくても、2セット目で相手が見えてきた。周囲の環境がわかって（受け入れて）、その日の自分の調子がわかれば、さっと立て直して2セット目を取ることができます。

そして、ファイナルも取ることができます。

太陽の位置が変わった、風が止まった、お客さんの数が減った。時間がたつと環境も変わります。

では、目の前の相手を観察してみましょう。1セット目を取って出足は良かったのに、2セット目を落として意気消沈してやる気もなくなってきたように見える。そうなったら、3セット目は特に何もしない、という作戦もあります。こちらが仕掛けてミスして、相手が「よっしゃあ」と奮起することのないように、流れに任せて何もしない。そんな戦い方だってあります。

つまり、無理にベストなんて尽くさない。

相手が実力80点の選手で、自分は60点の選手。でも、相手がナーバスになってポイントを落とせば、自分のほうが有利になります。

頑張りすぎて自分の足を引っ張ってしまう

せっかく相手がナーバスになっている状態で戦力が落ちているのに、自分が頑張ろうとして逆に自分の足を引っ張る。テニスの試合では珍しいことではありません。

U15全国選抜ジュニアテニス選手権でベスト4に入った橋本祐典は、よそのスクールにいて、勝ちたいからといって僕のスクールに小学3年生のときに転入しました。ただし、負けん気が強いかと言えば、弱くはないけど、すごく強いわけでもなく普通でした。

中学2年生くらいからメキメキ上達し始めました。小学6年生や中学1年生のころに負けっぱなしだった上位のシードの選手から、白星を挙げるようになりました。

もともと守備的なテニスをする子で、ミスしないことで勝っていました。けれども、トップシードの選手はしっかりしたショットで祐典を振り回し、祐典の返球が短くなったのを見逃さず、コートの中に1歩入り込んでさらに祐典を追い込み、ポイントを挙げていきます。僕はある地域大会の決勝戦の前に彼にアドバイスしました。

「相手は祐典をハジからハジに走らせて、短くなったボールに対して前に出てタイミングを早くして叩き込みにくる。祐典が走らされて『ヤバイ』と感じたときに心を込めて『深く返球すること』に命を賭けてみろ！　あいつは短いボールに合わせて少しでも前に詰めようとしているのだから、深い返球を無理やり打てばミスが出るし、前に詰めることを我慢することになれば『イラチ』がつのってもっとミスが出る。はい！　これで決まり〜！」

試合が始まり、1セット目を相手のペースで落としたあと、2セット目でようやく「心を込めた深いボール」のニュアンスが表現できるようになり、祐典はこのセットを奪いました。本来ならファイナルセットは「何もしないで静かに」終焉の時を待つだけでよいのです。ところが、勝ったことのない選手の悲しさです。ここで彼は調子に乗って攻撃的に振る舞い始め、試合を落としてしまいました。

ここでは負けてしまいましたが、ここで発見したことは大きく、このあと、深いショットの守りからそのまま攻撃に転じる切り替えができるようになり、戦績を伸ばしてゆきました。

コップ半分の水、「あと半分しかない」と「まだ半分もある」

「常に攻める姿勢を忘れてはダメだよ」

大人は子どもにそう言いますが、相手のミスを待つのも実は攻めていることになります。調子の悪い相手は打つことが嫌になっている。でも、こちらは「さあ、打って。はい、打って」とラリーを続ける。相手にとって嫌なことをしているわけです。

自分よりも強い選手とやって勝つ。そのためには、そういうところを突いていかなくてはなりません。

「お、アイツ、逆光になってるから、スマッシュ嫌がってるな」

そう思ったら、適当なボールが来たときにパスも打てるけど、ロブを上げて嫌がってる状況を増やす。そういったことを観察する目と、それをアレンジすることができる戦略的な発想、頭の柔らかさが必要です。

そして、それらの要素を、劣勢になっても多少なりとも持ち続けられること。ほとんどの場合、負けが込み始めると視野狭窄になってしまいます。ミスしても、終わったことには頓着しない。「さて、次どうする?」と自分の心に聞いてみる。そんなメンタルトレーニングを普段からやっておくことです。

コップに入った半分の水。「あと半分しかない」と思うのと「まだ半分もある」と思うのとでは、心の状態は対極に分かれます。これと同じで、追い込まれたときに「あと1ゲームしかない」と「あと1ゲームもある」では変わってきます。

例えば、ダブルスで6ゲームの試合をするとしましょう。第1セット開始前に「よし！ ラスト24ポイント」と、パーンとハイタッチすると、みんな「はあ？」という顔をしますね。でも、1ポイントも落とさずに、4ポイント6ゲームを取って勝つとすれば、たった24ポイント取ればいいのです。そんなふうに考えると、まったく違う見え方ができます。

そのように、いくつもの着眼点が持てるプレーヤーなら、追い込まれても「自分にはできることがある」と考えられます。ところが、大半の選手は「今日は調子が悪いから」とエクスキューズ（言い訳）して、途中から負ける準備を始めてしまいます。

自分の調子、天気や周りの環境、相手の調子や戦略。今あるものをあるものとして認識でき、それをどうアレンジして戦力を組み立てるか。戦略の考え方、アレンジメントの能力が必要です。

先ほども言いましたが、相手が弱っているから今は何もしない。常に頑張るんじゃなくて。「一球入魂」っていう言葉は正しいけれど、今の自分にはいらない。柔軟で幅広い発想のなかから取捨選択が正しくできる。それができれば少々上の相手にも勝てるのです。

テニスは「遊び」

駆け引きの妙を楽しむ

そのうえで、唯一僕が大事にしていた選手との共通理解。

それは、テニスは「遊び」であり「ゲーム」だというです。

テニスは相手の戦力が落ちれば、自分の戦力が変わらなくても勝てます。相手が自分より実力が上でも、例えば印象的なドロップショットを打ったことによって、相手を疑心暗鬼にさせ、動揺を誘い出すこともできます。そこで一時的とはいえ同等になれます。

「あれれ?」と心を揺さぶられるようなことを、やってみる。それが成功すれば、自分自身が変わっていなくても試合に勝てる。そういった側面が、テニスに限らずスポーツの勝ち負けにはあるのです。

であれば、そのようなことが普段の練習の中でも行われることがとても重要です。試合は相手との力関係。だからこそ、自分を知り、相手を知り、その日の自然条件を知る。そのなかで、どこにどんなボールをどう打つか。ショットの良し悪しは、方向、長さ、高さ、スピード、回転のコンビネーションで決まります。それらを局面ごとに一瞬で判断して組み合わせ「効果的な駆け引き」をするのです。

例えば、ボレーに出てポイントを取るにはどうすればいいかと考えます。3回続けてボレーに出たら、相手もさすがに気づいて、次のショットは足元に沈めるパスで勝負してくる。そこで、4回目にはステイバック。同じ場面で前に出ないで一瞬待ちます。

すると、相手は「あれ?」と思うはずです。相手が沈めようとして短くなったボールをこちらがアプローチして前に行けば、しっかりボレーを決めることができます。それがテニスです。僕が選手に伝えているのは「駆け引きの妙を楽しもうよ」ということなのです。

どんなボールをどのシチュエーションで打てば有効か

すべての子どもたちに同じように指導しましたが、圭は「ふーん。なるほどね」といった顔で見事に反応してくる子でした。

「ここにこう打たれたら、どこに返しますか?」

「深いボールと、短いボールの、どちらを打ったらいいですか?」

そういったことを問いかけながら体験させました。

例えばラリーで、僕が角度をつけてショットを打って圭をコートから追い出す。圭が返してきたボールを今度は回り込んでオープンスペースへ打って、ノータッチエースを取ったとします。そういうことをやってみせておいて、次に圭が同じようなショットを打ってきたとき、わざと僕がバランスを崩して「うーん」ってうなりながら返してみせます。

するると圭は、そのボールを回り込んでオープンスペースに打ってきます。そして、そのボールに対して、僕はギリギリで手が届かないようにして、圭に決めさせるのです。

これはまだ圭が低学年のころの話です。僕は走れば拾えるのですが、「今打ったそういうボールが相手のバランスを崩させるんだよ」ということを覚えさせたかった。どんなボールをどのシチュエーションで打てば有効か。いま見える風景から次に何が起こるか。そういったことを学ぶ練習に時間を割きました。

一番わかりやすいのはサーブでしょうか。1ポイント目と2ポイント目は違うところから打ちます。左右交互に打ちながら「3ポイント前のデュースコート（自分のコートの右半分）からのファーストサーブがどっちだったか？」ということを覚えているかどうかを確認します。覚えていなければ計算ができないからです。ボーッとしてる選手はそれを覚えていません。

そして、サーブのコースを確認したあとで、例えば「あのセンターのフォルトは入りそうだった。その次にもう一度センターに打ったら、相手はその弾道を見ているから合わされやすい。だから同じコースに違う球種で打つ、もしくはコース自体を変える」というように教えます。

ただし、考えるばかりではなく、その瞬間の閃きも大事。閃きはセンス。ゲームセンスです。精神的な余裕もなければいけません。トレーニング効果を考えるとしたら、選手の後ろから「今のボールがあと1メートル長かったら決まってるぞ」みたいなことを言う。「このシチュエーションでそこに打つボールは速さより長さが大事なんだよ」みたいなことを繰り返しインプットしていきます。

これはセンスの高い子は一度聞いたら理解できて、二度目に表現できます。センスを持っていない子は三度目くらいに気づくかもしれません。ネットを挟んで遠いところにいますが、テニスは間違いなく対人スポーツ。そこを理解していない選手は、自分がいかにいいボールを打つかとか、相手と無関係なところで単純に自分のショットをどう組み合わせるかといったことばかりに注意がいくわけです。

ひとり相撲で相手が見えていないから、相手のいるところに一生懸命打ってしまいます。クロスを打ったからストレートと相手は読んでいて返される。展開を変化させればいいのに、俯瞰で見られないから認知できない。まったくもって戦略的ではない。そんなプレーヤーを見かけると、指導者は「余裕がないね」と表現しますが、僕は彼らが「ゲームの楽しみ方のルール」をわかっていないように見えます。

ミスを恐れないからより戦略的になれるのか。それとも、試合を楽しむことで戦略脳を駆使するからミスを恐れないのか。どちらが先かはわかりませんが、いずれにしても根底にあるのはテニスを遊びとしてその駆け引きを楽しむ気持ちが大事だということでしょう。

イエスとノーの発想

「イエス」のシチュエーションと「ノー」のシチュエーション

ショットを打つときのシチュエーションには、大きく分けて2つあります。攻めることができる、すなわちチャンスである「イエス」のシチュエーションと、もうひとつは攻めることができない、すなわちピンチである「ノー」のシチュエーションです。ショットを打つときの自分の体勢や相手の状態によって、それらのシチュエーションを見極めることができます。これは、ジュニア期の子どもたちに「ゲームセンス」を磨かせるための基礎となる発想です。

ラリーをしていると、余裕を持ってボールが打てるときもあれば、相手に攻められてしまって走りながらしか打たせてもらえない場合もあります。ベースラインの後ろのほうとか、サイドラインの外からしか打たせてもらえない。打点が低すぎたり、強く打たれると打点が遅れたりもします。

今、自分の状況はイエスなのか、ノーなのか。そこを正しく判断できる。それがジュニアで習得しておきたい基本スキルだと考えました。練習の中で、圭にも繰り返し言い続けたと思います。

「イエス」のボールが打てるなら、そのときに、自分がどこへでも自由に狙える、あるいはそのボールに対して自分が狙うことのできる選択肢が2つか3つある場合もあります。

深く、強く打ってもいい。

角度をつけるボールにしてもいい。

ドロップショットを打ってもいい。

長いクロスを打たれていて余裕がないときは「ノー」のボールしか打てなかったりします。

どれでもできる。レベルが高くなればなるほど、イエスとノーの幅が狭くなっていくし、「微妙にイエス」や「微妙にノー」も出てきて、境目がなくなっていきます。

相手がやりたいスタイルをさせない

「ネットへ出て行くときのボールは、相手に『ノー』って言わせるようなボールじゃないとダメだよね。だからネットへ出て行くためにはバリエーションが必要なんだよ。強く打って前へ出たり、逆に遅いけどスライスで低いボールで前へ出て、相手に普段使ってる自由な打点じゃない低い打点で打たせたりする。その次は、前と同じ構えから、深くない短いボールで前へ出たりする。相手を忙しくして時間を与えない。相手がやりたいスタイルをさせないっていうことなんだよ」

相手がイエスの状態なのかノーの状態なのか。タイミングがわからない子には、プレーしながらアドバイスします。

「ひとつ少ないでしょ。もう1球反対に持っていって、忙しくさせといてから前に出れば、君のショボいボレーでも決まるじゃん」

「今出て行ったら、むっちゃ面倒くさい場所から厳しいボレーしないと相手が困らないよ」

このように、出て行くこと自体を決して否定せず、もう1球使えば「もっと良くなる」ことを理解してもらいます。

まったくセンスがないという人でも、トレーニングすれば絶対に良くなります。

チャンスかピンチか、まずはその分別を

打つ瞬間、自分の体勢、相手の状態はどうなっているのか。その見極めによって、打つショットが変わります。練習の中で、圭にも繰り返し言い続けたと思います。

ここはチャンス、ここはピンチと、まずその分別をちゃんとつけよう。

相手の状態、自分の体勢。有利なイエスか、不利なノーか。微妙な感じのイエス・ノー、明確なイエス・ノーと、4分割くらいはしよう。

何もせずにニュートラルにラリーを続ける。そんな時間があるとしたら、それも加えて全部で5分割になります。そこを見極めたら、何をするか考えよう。

「今、自分がイエスかノーかわかんないで打ってるよね？　ノーなのに攻めるっていっても、入るわけないじゃん。そんな体勢じゃあ、プロだって入らないよ」

ここの見極めができて、ようやく戦略の話が始められます。

実際に、誰が見ても明らかにチャンスボールが飛んできたとしても、スタートするときにズリッと足が滑って1歩出遅れたとします。バランスが崩れたら、そのチャンスボールはもうその選手にとっては「イエス」ではなくなります。でも、チャンスボールとして一度認識してしまうと、足を滑らせて体勢はノーなのに、慌ててそのまま打ってしまいます。多くの選手がそうなります。

とすれば「イエスですか？　ノーですか？」と自分の心に尋ねる。ここを最初のスタートラインにしたほうがいいわけです。

僕のスクールでは、子どもたちが「イエス！」「ノー！」と言いながらボールを打つ練習メニューがたくさんあります。

「飛んでくるボールがネットを越えてくるときは、イエスと打つであろう、ノーと打つであろうと予言しましょう。打ったあとでイエスとか言ってるんじゃない！」

ネットを越えるときには、コールするように言います。

相手の次のショットを予言してみよう

自分の行動が予言できるようになったら、次は一歩進めて相手の行動も予言できるように示唆してゆきます。例えば、

「角度のついたクロスのショットでコートから追い出されたとき、自分がそのポジションから『ノー！』の体勢でクロスに甘く返球したとしたら、相手は『イエス』になるに違いないって予言できるよね。じゃあついでに、その状況で相手につくられたオープンコートに対する自分のポジションと相手のポジション、そして相手のボールへの入り方を観察したら、相手が打つ前に『あっ、ショートクロスだ！　とか、ストレートに来る！』って予言も…できるんじゃない⁉」

この練習がどこにつながるか…⁉　子どもたちは聞いた端から忘れていくので（あっ、油断してはいけませんよ。いくつかの何の脈絡もない言葉をずっと覚えているのも子どもですから）、「こうだからこうする、そうだからそうする」というつながりを照らしておいてあげると、目の光が変わり、心への浸透が変わってきます。

「まずは、相手のボールがネットを越えて来る前に自分のショットを予言できるようになり、そして相手の打つ次のショットが予言できたら、もう神様はこっちの味方！　絶対勝てるじゃん。そのための練習だよ」

最終的には「イエス・ノー」がわかって、自分がどうしたいかが結果に直結します。自分はイエスだからストロークでエースを取りたいのか。そのボールでネットに詰めてボレーを叩き込みたいのか。その根拠はそれぞれなのですが、そうするならこう入ろうよというアイデアは伝えます。

「叩くならもう一度後ろで踏ん張ってから体の軸を安定させ、膝の曲げ伸ばしからのボディローテーション（縦軸を中心にした体の回転）を使って叩こう」

最後の最後の打点への入り方が若干変わってくるので、そのイエスで何を表現したいか。それを「イエス」とコールしながら決めていなくてはなりません。ネットを越えたときに、

「イエス・叩く」

「イエス・アプローチ」

「イエス・ドロップ（ショット）」

もしくは、最後の最後に打つ直前に、もう一度相手の動きを観察します。「イエス・叩く」と

決めて走ったけれど、最後に打つと見せかけてドロップに切り替えたりする。それは、相手の出方によってやるべき変更です。ギリギリまで環境が見えて、周りが見えて、自分がどうしたいかを決める。

決断をギリギリまで引き伸ばせれば伸ばせるほど、勝てるプレーヤーであることは言わずもがなです。

第5章

モチベーションを上げる

腹筋ナイフ

スタートの瞬間のスピードを上げるには

「テニスをしている君たちの目標は何？」

クラブで教えている子どもたちに質問すると、表現の違いはあっても、ほとんどが「勝つこと」「上手になること」を挙げます。

じゃあ、そのためにどうする？

「練習する」

テニスの？

「テニスもだけど、体のトレーニングとかもする」

「体のケアをする」

「食べるものにも気をつける」

しゃべらせると、だんだんアスリートっぽくなっていきます。

「お、何かプロみたいだな」

子どもたちは照れくさそうに笑います。

そこでサラリと僕が一番伝えたいことに突入します。

「もう一瞬、パンッて早く飛び出せれば、スタートの瞬間のスピード感が上がれば届くボールがあるよね?」

「拾うのに3歩分しか時間がなかったら、スタートのスピード感をアップさせるっていうのはどう?」

「そうすると、それを上げるためには大腿四頭筋、ハムストリングスのトレーニングが必要だよね」

子どもたちは「もう、わかってるよ」とでも言いたげな顔でうなずきます。

小学生でも自体重を支える筋トレを

それでも、まだまだ言っちゃいます。

「そのバランスの崩れ方ではもう何もできないでしょ? なら、バランスだけはキープしないといけない。それにはあまりにも脚力がなさすぎるから脚の筋力トレーニングが必要だよね」

小学生でも自体重を支える筋トレはします。動物が自体重を支えて活動するのはあたり前の話で、人間が自体重の範囲で筋トレをしても、よっぽど過重な負荷でなければ何の問題もありません。自体重を支えられるように体はできているはずなので、腕立て伏せ、腹筋、懸垂、そしてたまに逆立ちもやらせます。

ジャンプも「ズドンと脚を伸ばして落ちると、膝に衝撃がくるぞ」と、柔らかく着地するように言います。足音をさせないように着地させたり、逆にパワーを出すためにはバンと音を出すくらい足を踏むように、とか。いろいろな体の動かし方をやらせるのが小学校の間は必要だと考えています。

無論、辛くて苦しい体力トレーニングが大好きという子どもに出会ったことはありません。ラケットを持ってボールを打つほうが楽しいに決まっています。けれども、それをやることによって、自分たちが目標に近づけるということを少しずつ理解していきます。

第2章でもお伝えしましたが、「走る・飛ぶ・止まる・切り替える」といったラケットを持つ以前の基本動作がスムーズにいくようにもトレーニングをさせています。

トレーナーの存在が鍵

専門書を読んだり、講習会に出たりしながら独学でやってきたことに、芯を与えてくれたのはトレーナーの方々の存在です。中国テニス協会ジュニア委員会では、年間複数回の合宿を開催。私も強化コーチのひとりとして、そのほとんどに参加してきました。

２００２年くらいからトレーナーに参加してもらって指導を仰ぐようになりました。それまでテニス合宿と言えば、中央から男女2人のコーチに来てもらって、男子は男子の、女子は女子の元プロ選手だったコーチにテニス練習を見てもらうというのが通常でした。

けれども、あるジュニア合宿のときに中国地方代表の選手たちがランニングしている姿と、たまたま同じコースを走っていたどこかの陸上部の選手たちの走る姿を比べてみてがく然としました。陸上部の選手たちは体幹が揺らがず、非常に力強い足取りで駆けていました。

僕たち中国エリアのコーチは、アスリートとは程遠い選手たちを相手に「勝利」とか「競技力向上」なんてことに本気で取り組んでいたのです。

この経験を機会に、中国ジュニア委員会発信でＪＴＡ（日本テニス協会）にお願いして、テニスコーチの派遣はひとりでいいので、代わりにトレーナーを派遣していただくという流れを実現しました。そうやってテニス選手の体や動きに必要なトレーニング法を学び、それを指導に取り入れたのです。

ストレッチ、体幹、コーディネーションと分野は多岐にわたるうえ、トレーニング学は日進月歩するため「昨日の常識が今日の非常識」みたいなことが最初はありました。でも、だからこそ、僕らコーチ側が実際に試行錯誤し工夫する余地があり、非常に面白いと感じています。

現在ではＪＴＡは、すべての地域にコーチとともにトレーナーも派遣し、正しいトレーニング方法や指導の普及に取り組んでいます。指導されたなかで、僕自身がこれが基本かなと思うことを取捨選択して取り入れていきます。正しく体を動かすための強さややわらかさが出てきたら、次はそこにスピード感を加える。そんな順番でやっています。

例えば、小学校低学年のころは個人差が大きいのですが、これを18歳までにビルドアップしていくと、素質を努力が上回る現象も出てきます。とにかく18歳のときに体がアスリートになっていなければ、テニス選手にはなれません。神経系や巧緻性は12歳前後で発達しきってしまうのでそこにも注目しなくてはいけないし、ジュニアでも自体重を支える筋力は最低必要です。

「アスリートとして、今腕立て伏せが20回できないのに、このまま中学生になっていいの?」

腕立て伏せでおなかからつぶれる子には、僕らコーチが横についておなかあたりの床の上に親指をナイフみたいに立てます。

腹筋ナイフ

「腹筋ナイフ」

若干物騒な名称ですが、僕らはこう呼んでいます。

床に膝がついてしまう子は「太ももナイフ」がセッティングされます。ナイフが当たっても出血しませんが、親指に当たると「わーっ、血がドボドボ出とる」と僕らに脅されるので子どもたちは必死にやります。

ナイフが刺さらないように、腹筋や大腿筋に力を込めて板のように緊張させておくことで、腕立て伏せでつぶれなくなる…。こんなちょっとしたコツを、同様に腕立て伏せができずに苦しんでいた子ども時代の僕に教えてくれた人は、残念ながら誰もいませんでした。たったこんなことでできるようになるのに…、こんなことで自分の体に対する驚きや自信を獲得することができるのに…です。

トレーニングは雨の日に室内で行ったり、通常練習でボールを集めるのを40秒と指定して、そのタイムに間に合わなかったら全員一斉に腕立て伏せなどと罰ゲームとして取り入れています。本来はしっかり時間をとるのが良いのですが、限られたレッスン時間の中で分散的に入れ、楽しみながら、正しい体づくりを習慣化しようと考えているからです。

モチベーションを上げるには、「やらされてる感」を取り除かなくてはなりません。「必要だからやれ」だけでは、一瞬取り組んでも長続きしません。たとえ見た目はやっていたとしても、主体的にやっていなければ必ず手抜きが起こります。

「もも上げするのとさ、あのボールに届くかもって走るのって、関係なさそうだけど関係あるんだよね」

そっか、そういうもんか。最初は思っていても、少しずつ結果がついてくると意識は高まります。自分から「やろう」と思えるようサポートしつつ、できるだけ楽しく集団で取り組ませます。

ある日、クラブに加入して間もない中学1年生の女の子が腕立て伏せ20回ができませんでした。

「もう少しだけ頑張ろうって思ってやろう」

励ましつつやっていたのですが、二度ほどトライしてもおなかがへたっとなってしまう。三度目で泣き出しました。どうするかなと思って見ていたら、横から中学3年の女の子が「みんなで一緒にやるからもう一回やろうよ」と言うと、ほかの子もやり始めました。「みんなで」と言ってくれた子はクラブのエースというわけではありませんが、とても頑張り屋さんでした。自分もできなかったところから努力してきたから、人の痛みもわかるのでしょう。

引きずらない理論

ハードルを下げて達成感をプレゼント

モチベーションが上がらないときは、試合に負けるなど取り組んだことに失敗したときです。

「最近の子は失敗を恐れる」という意見もありますが、僕の実感で言えば、今の子も20年前の子もそんなに変わっていないように思えます。ミスを怖がり、なかなかチャレンジしない子は以前からいました。

「失敗するのが怖いから安全なボールばかり打つんです。どうしたらいいですかね？」

ほかの指導者から意見を求められることがあります。

そうなってしまう子は、自分に自信がありません。極論ですが、練習をたくさんして「できる」「狙える」「入る」と思えたら挑みたくなります。でも、そこに取り組むまでモチベーションを上げるには、まずは目の前のハードルを下げてあげることが肝要です。

「チャレンジする自分」が好きになるというか心地良く感じられるよう、ときどき目標のハードルを下げて達成感をプレゼントするのです。そのことで技術の進歩が多少ゆっくりになったとしても、達成感を持たせることを優先する。そうすれば、急がば回れで後々大きな成果につながることがあります。

すでに告白したように、僕はヘタレな子どもでした。サッカーは下手だったので、中学ではバスケットボール部に入りました。ところが、2年生になって大した理由もないのに部活を辞めました。そこからは帰宅部、高校で文芸部を経て、やっと大学のサークルに入ってテニスに出会えたのです。

打たれ弱かったのですが、人間どこかで変わるもの。ヘタレな僕を変えてくれたのがテニスでした。すべての人がスポーツで変われるとは限りませんが、少なくとも僕はテニスから学んだし、前向きになったり積極的になるなど、変化する子どもたちをずっと見てきました。

圭だって随分と変わりました。

「テニスを上手くなるってことは、今の自分と違う自分に変わるってことだよ。みんな、変われるんだよ。ただ、昨日と同じ練習してたら、明日も変わらないよ」

そんな話は圭がいるころからずっとしています。

引きずらない理論

圭は負けん気が強く、トランプで負けても泣く子どもでした。テニスの試合で負けるとすぐ涙目になっていましたが、割と失敗を引きずらないタイプでした。「さあ、次だ」と切り替えられるからでしょう。

反対に、引きずる子は「失敗することや負けることはすごくダメなことである」というイメージを持っているのかもしれません。今の子ども社会は、家庭でも学校でも結果を求められるためそうなってしまうのかもしれません。

ミスしたことを覚えていない。

忘れっぽい。

ボーッとしている。

これらは一見すると短所に見えます。ところが、見方を変えて「切り替えが早い」「打たれ強い」「精神的にタフ」というふうに自尊感情を持って受け入れたら、またたく間に長所に変わります。

僕はこれを「引きずらない理論」と自分で勝手に呼んでいます。

引きずらないようにするには物事を大局的に見ることです。

「たったひとつのミスなんて大したことじゃない。3分の2のポイントを取っていければ、自分は勝てる。いまのミスを利用して次のポイントを取ることを考えるんだ。さっきのストレートショットは入らなかったけど、相手の印象に残っているはず。次はストレートと見せかけて得意なクロスで勝負しよう！」

そのように考えて、気持ちを切り替えさせます。一喜一憂せず、自分に対して感情的にならず、ミスしたことと成功したことをきっちり頭の中で覚えておいて「さあ、次どこに何（どんなボール）を打つ？」と戦略的に判断していく。そうするとゾーン（最高のパフォーマンスが発揮される特別な状態）に入れて集中できます。

トライ&エラーの数だけ強くなる

選手のモチベーションを上げることがコーチの役目

すでに意識を高く持っているプロはともかく、育成と呼ばれる小・中・高のカテゴリーでは、選手のモチベーションを上げることがコーチの大きな役目だと思っています。では、そのためにはどうするか。

当然ではありますが、選手は自分で考えて動いているときは意欲的になれます。ピンチで苦しいと思ったり、トレーニングが辛いと感じたりするのは自分の限界に挑んでいるからです。「やる気を出せ」とか「勝つ気があるのか」と叱る指導者がいますが、勝ちたいからピンチが苦しいわけです。

子どもにも調子の波はあるし、集中が途切れるときもある。「そうなって当然」と思えるか、思えないかで、コーチングの結果は変わってくるような気がします。

小学生時代の圭は、リードして1セット目を取るとセカンドセットの始まりで集中できなくなることがよくありました。まんべんなく3セットをずっと集中し続けるのは、大人でも大変なこと。どこかで気が抜ける。だいたい大きくリードするとフッと一瞬気が抜けます。けれど、それはそのあとで立て直せるものです。ですから、僕は叱ったりしたことはありません。

「どうすんのかな」

いつもお手並み拝見の気分でした。

劣勢を立て直す戦略は練習で培っています。例えば、集中が切れたときはミスが増えて自滅しているので、そこを立て直すにはパーセンテージを上げるようにラリーを少し続けてみます。いきなりコートの隅っこを狙ったりせずに、ラリーを続けるなかでここぞというチャンスを見つけて攻めます。

つまり、サーブレシーブの直後にすぐにミスが出ると自信がなくなるので、ラリーが続いているほうが自分の「自信」はキープしやすいわけです。自分が仕掛けて失敗している。それならば、仕掛けなければ失敗しない。仕掛けたことで成功すると喜びは大きいのですが、仕掛けたことで失敗すると後悔も同じだけ大きくなってしまいます。

一方、ラリーを続けているなかで相手に攻められてやられると、がっかりはするけれど大きな後悔になることはない。そうやってラリーを続けている間に、調子を取り戻します。ラリーも単純に続けているわけではなく「チャンスが来たら攻めるよ」という気持ちで続けています。その気持ちさえあれば、やっているテニスに少しずつ凄みが出てきます。

「チャンス」に対して敏感な子もいれば、鈍感な子もいます。後者にはある程度伝えます。

「何でそこでネットに出ない？」

僕がよく言う言葉です。ラリー中に厳しいボールを打てて、相手がやっと拾ったのに前に出ないとき。

「そこまでプレッシャーをかけておいて、手綱を緩めたら相手は楽になるでしょう。そこまでいったんなら、ネットまで行っちゃおうよ」

プレッシャーをかけて相手をどんどん追いつめ（喉もとに手をかけたら絞め上げ）、相手の余裕を奪うわけです（まだ生きていたら引きつけて止めを刺してしまえ）。チャンスを逃さず攻めるときは、前章でお話しした「キラー・インスティンクト」がものを言います。

離れるなら離れておく。でも、近づいたら一気にたたみかける。そのようなメリハリのある戦法のほうが効率がいい。ラリーを続けるなかで自分が（いける！）と閃いた瞬間は攻める。躊躇して攻め立てなければ、勝ち負けはともかく、実りの多い試合にはなりません。

人間の本能はもともと攻撃的です。

チャンスに前に出ない選手を見つけると「ボレー、嫌いなんだろうな」と思います。ボレーのスキルに自信があるかないか、ではありません。技術云々ではなく、ネットプレーが好きか嫌いかという問題が大きい気がします。ネットプレーが嫌いでなければ、チャンスだと感じたら脚が自然に前へ出ます。

そこで決まれば、技術に難があっても自信がつきます。前に出てボレーしたけどミスしたのなら、そこを切り取って練習するかというモチベーションになります。実戦での成功と失敗はすべて糧になります。僕としては中学生が終わるくらいまでに「ボレーね、まあ好きかな」と答える程度までもっていきたいと考えています。

「攻める」はチャンスの発想、「攻めない」は諦めの発想

この「攻める」「攻めない」は、性格的なものもあるかもしれません。

例えば、コートの外へ追い出された瞬間にどう感じるか。

「ストレートとショートクロスを打ち分けてパッシングショットでエースが取れる。カウンターでエースが取れる。わお！　チャンスじゃん」っていう発想ができる子。

「いやいや、コートの外に追い出されたんだから、返すだけになってやられちゃうじゃん。じゃあ返しても無駄だから走るのはまあいいか」っていうふうになってしまう子。

同じボールをもらっても、感覚が違います。

「諦め系」の選手に対しては「ほら、取らんと。追っかけんと」と言ってどんどんボールを出

します。最後には隣のコートにボールが落ちるようなところまで追いかけさせる。そんなことを、冗談みたいにしてやっていきます。こちらに笑顔があれば、選手は「コーチ、ドSやん！」で済みます。決してオラオラな感じで怒鳴ったりはしません。

コートの外までボールを追いかけてからインプレーに戻ります。そういったあり得ないシチュエーションを一度でもやると、選手は少しずつ前向きになります。現実にはその状況よりも簡単なボールしか来ないので、どんなボールも比較的簡単に感じられます。そうすると、チャレンジすれば届くような気持ちになるのです。

ここにまだ達成感はありません。でも、この「チャレンジすればできそう」という気持ちが大きな発露になります。「本気になる」とか「その気になる」という状態をつくることが重要なのです。

「ケガしないように」とか「無理しないで」と言いますが、これらの言葉はスポーツとは対極にあるのかもしれません。レッスンして足が痙《つ》るとか、大人でも練習中にトイレに行って嘔吐してコートに戻ってきたりもします。本人が「いける」と思っているときにはどこまでも追い込みます。若い世代の言葉を借りれば「メッチャしんどい」ことをしていても、それが面白いと感じられる。それがスポーツなので、今、自分のできる限界の外側へどうチャレンジするか。それしか上手くなる方法はありません。

それを「やらされた感あるわ～」と毎日の練習でぼやいていては、しんどいだけで面白くありません。ただ、そこに若干の何らかの喜びがあれば「またやろう」と思うわけです。

練習はしんどい。けれども試合の中で、反復練習してきたのと同じシチュエーションがパッとやってきて、それでゲームポイントを取った、ゲームブレイクした。またとない成功体験が得られます。その練習をしたおかげだと思えます。

言い訳に対しては成功の方策を提示してやる

圭は小学校中学年くらいのプライベートレッスンで、どうにも集中できなかったので練習途中で家に帰したことがあります。

「やる」と泣きましたが、「今日はもうやめよう」と帰した。ただし、その一度だけでした。

選手自身に経験が少ないと、負けを認められないことがあります。つまり、ダメな自分を受け入れられないのです。

例えば「太陽が眩しくてサーブが上手くできんかった」と言い訳をする子がいます。「ハーン。相手もそっちのサイドからは眩しかったろうね。それをブレイクして反対側のときにキープすればいいじゃん」と返すと沈黙しています。風のせいにすれば「風上に向かって思いっきり打てばいいよね?」と返します。

するとだんだん言い訳の材料が減ってきて、最終的に「敗戦は頑張らなかった自分のせいだ」というところに落ち着きます。試合で頑張らない人はいないので、それは試合で頑張らなかったのではなく、試合までの準備を頑張っていなかった自分、ということです。

「こうすれば成功できたのに」と思えれば言い訳しなくて済みますが、成功する方策が見つからないので言い訳をしてしまう。ですから、こちらは常に具体的な策を示していく必要があります。

ただし、そこを手伝う量は高校生までに少しずつ減っていきます。高校生になってもコーチに言われるのを待っている子もいます。そこは戦略脳を持っているかいないかもかかわってきます。言葉は悪いですが「ああ、面白くない。次は絶対叩きつぶしてやる」といった多少野蛮なモチベーションがあっていい。

全力で挑んだトライの数と、エラーした、もしくは負けた数が、その子の胸の中に刻まれて成長するのです。

成長し続ける力――つぶれる選手と伸びる選手の違い

レッスンの理想は、「面白くて、いつの間にか上手くなった」

「頑張れ」とコーチに言われたからといって頑張れるものではありません。例えば、アウトドアの活動で面白くてちょっと頑張りすぎちゃったから筋肉痛になってしまった、ということがあります。それは、頑張ろうと思って頑張ったのではありません。

「面白くて、いつの間にかゾーンに入っちゃって、頑張ってたら上手くなっちゃった」

これが日々のレッスンの理想です。

子どもたちに「はい、今日はこれで終了～。お疲れ～」と言ったら、「ええーっ、もう終わったの⁉」と言われるとうれしいです。

逆に、レッスンしていると、子どもは「コーチ、いま、何時？」とよく聞いてくるのですが、「始めてから1時間たったよ」と伝えると「えー、まだ1時間なの？」と言われてショックを受けることもあります。

「島根からよく錦織が出てきましたね」とよく言われます。その言葉の裏に（人口も少なくて、刺激も少ない田舎からよくぞ……）といったフレーズが隠れていると思うのは被害妄想でしょうか。島根から圭が出たのだから、ほかの都市部ではない場所からタレントが出てもおかしくはありません。

サーブよりも戦略を身につけることを優先

僕が圭を育てたと言われますが、僕でなければもっと上手に育てたかもしれません。

例えば、少し前まで圭の武器の中に入っていなかったサーブ。

「サーブなんて14歳になって背が伸びてからいくらでも練習できる。小学生で背が伸びる前にサーブに時間をかけてその割に成果が出ないよりも、レシーブを磨くほうがよい。相手のサーブをブレイクすれば自分がブレイクされてもイーブンじゃないの?」

僕はそう思っていました。というか、本人にもそう伝えていたと思います。

「サーブは、背が高くなってからでいい」と放置していたら、背が伸びる前にほかのコーチから「サーブがダメ」と指摘されたこともありました。

今思えば、サーブを打つときに肘が下がってしまう癖があったので、それを排除しておくくらいのことはできたに違いありません。ただし、現実にはそういった癖を持っている子はけっこういて、なかなか修正できませんでした。そして、そこを直すのは圭にとっては容易ではなかったはずです。

よって、僕は圭に特段サーブの練習をやろうと持ちかけませんでした。それよりも、レシーブからの展開とか、とりあえず攻撃されないだけのサーブが入ってラリーに持ち込めれば自分ものものなのでラリーのなかでどうするか。そんな戦略を身につけることのほうを優先しました。その練習のほうが圭が好きだったからというのも、理由のひとつです。

それらができたうえで、あとになって背が伸びたときにスピードサーブが打てることをオプションでつけられたら凄い選手になる。そう考えていました。当時の彼はいろいろな部分がすでに「高級車」の域でした。それでサーブのオプションをつけられたら、さらに上を目指すモチベーションになるだろうと想像していました。本人もサーブを切り出して練習しなかったことについては何とも思っていないでしょう。

圭が面白いと感じる練習は「勝負」

圭がそうだったように、子どもにとって「面白いと感じること」が伸びる芽になります。

何が面白い？　何をやりたい？　それらをヒアリングして、子どもの望んだことをやらせます。そして、そのなかで大事だと思われることを発見したら、次にそれもやらせる。やらせるときは、その子が関心を持っていることにつなげるよう表現を工夫し、その重要性を認知してもらって取り組んでもらいます。

「錦織圭を育てたコーチ」と紹介されることは、第3章でも述べましたが、そのたびに次のように言うことにしています。

「僕が育てたわけではありません。彼が勝手に育っちゃったんです。もしも僕がやったことがひとつだけあるとすれば、彼の邪魔をしなかった、ということです」

彼の成長の邪魔をせず、彼をつぶさずに済んだ理由は、彼が面白いと感じることを優先して練習してきたということです。そして、彼の「面白いこと」が、選手を枠にはめるのが嫌いで戦略好きな僕にとってもめちゃくちゃ面白かった。その意味で相性が良かったのかもしれません。

具体的に言うと、圭が好きな練習は「勝負」でした。

「じゃあ攻撃的なレシーブからの練習をしようか。一発で勝てるヤツね」

「ネットでポイントが取れたら2点取れる。そんなルールでやってみようか」

その都度モチベーションアップにつながる「気分が上がる」仕掛けを施しました。これは彼に対してだけでなく、ほかの選手も同じです。日々の練習の内容は、その前の試合の内容によって変わってきます。試合に勝ちました、負けました、では、どんな練習をすればもっといい試合ができるかな？　そこを持ち帰り共有してメニューを組み立てていきました。

成長し続ける力

ありきたりな言い方をすれば、型にはめたくありませんでした。それは、圭だけではなく、今まで指導してきたすべての子どもたちに対し、同じ姿勢を貫いています。

そんな指導スタイルだったので、結果的に圭の成長を阻害しなかった。

ただし、それを続けていくと、彼のやりたいことが明確化していきます。さらにいえば、「これがやりたい！」といったワクワクする気持ちで練習に来るのか、今日はこれをやるよとコーチから一方的に言われる毎日のなかで、選手の主体性の有無が変わってくるでしょう。それは「どのようにゲームを楽しみ、勝負に勝つか」ということにもつながってきます。

主体性を保つためにサポートするスタンスで、コーチや親が接することはすごく大事だと思います。コーチは、選手がやりたいと言ったことに対し「ちょっと待て」とはなるべく言わずに選手が自ら考えて取り組む姿勢をサポートすべきでしょう。

基本的にはグループレッスンのときに基本のショットや動きの練習をし、プライベートの時間にそれを試合の中でどう使うのかを試します。つまりリハーサルのようなものです。さらに言えば、試合をしたあとで課題を与えておいて、次のグループレッスンのときに「そこ（が課題）やん」と指摘すると、ああ、そうだったと選手の中に入っていく。その繰り返しが、成長曲線になるのです。

このように取り組むなかで、やはり選手個々で成長スピードやレベルは異なります。それは素質というよりも「成長し続ける力」が大きくかかわっていると思われます。その力は、努力するとか、真面目であるとかさまざまですが、もっとも大事なのは「テニスが大好きかどうか」に尽きると感じます。

工夫するセンス

自分で工夫するつもりがあるかないか、変わりたいかどうか。大好きなら、もっと上手くなりたいと思うはずです。まあ、好きは好きだけど、そんなに上を目指さなくていいや、変わらなくてもいいや、と思っているなら、そのうちにそのこと（競技）に飽きてきて、面白くなくなります。

釣りをする人は短気なほうがいい——よく聞く言葉です。長時間黙って座って魚がかかるのを待つ作業なのにと、意外な感じがします。ところが、そうするなかで、同じ餌じゃダメだから変えてみようとか、浮きの下の糸の長さを変えてみようとか、川や海なら場所を変えてみようとか、ちょこちょことさまざまな条件を変えるそうです。

「これで釣れるぞ」と自信を持って釣れるところまで模索しなければ、釣り名人にはなれない。それこそが、工夫する「センス」に違いないでしょう。

僕は太宰治の作品を読みますが、彼の本を読んで彼の人生をたどるように自ら命を断つ人がいます。それもひとつのパーソナリティーです。一方で、芥川賞作家の又吉直樹さんのように太宰を読んで「オレも書きたい」と小説を書く人もいます。そんなふうに、対応性があると成長し続けるけれど、自分で工夫できなくなったときに「もういいや」とチャレンジすることをやめてしまうのでしょう。

であれば、できたら単にほめて終わりにするのではなく「できたね。じゃあ、次どうする?」と次の目標を考えさせるため問いかけをしてあげたい。そうすることで、試合の中で用いる細かい戦略脳があって、一方では自分のキャリアをおおよそのスパンで眺められるような大雑把な戦略脳を持てるようになるかもしれません。

未知の世界をのぞきたいという意味で、好奇心も必要かもしれません。ただし、単に好奇心が旺盛というだけでは、注意力散漫と背中合わせかもしれない。あくまでも、きちんと自分の実力を客観視できる軸を持っているなかで好奇心がなければ、危険かもしれません。

「大好き」を考えたとき、なかなか伸びない子が浮かびます。レッスンを毎週受けには来るけれど、その子が本当に楽しいかどうかは疑問。そう感じるケースもあります。どちらかといえば、親に言われて通って来ている。親にほめられたくて(叱られたくなくて?)テニスをしている。通っていれば「今日も練習頑張ったね」とほめてくれる間はいいのですが、そこに勝ち負けが登場するとだんだんナーバスになります。

その子自身が心からテニスが面白いと思っていないと伸びません。これはどのスポーツでも、音楽でも美術でも学業でもすべて同じでしょう。でも時折、楽しみ方がわかっていない場合もあります。それは楽しみ方をわかってもらえれば楽しくなるかもしれません。

ただし、そこには家族がその子を肯定して見守る姿勢と、指導者のコーチングも影響します。

子どもを伸ばす親「三つの条件」

では、どんな親が子どもに「成長し続ける力」を与えるのか。もしくは、それを邪魔せずに見守れるのか。33年間の指導生活を振り返って考えてみたら、三つの条件がありました。

むやみに否定しない

ひとつ目の条件は、むやみに否定しないということです。自分の子どもを伸ばす親は、無理のないちょうど良いハードルを用意し、そこを乗り越えたら肯定して、また次の目標を与え、それが絶妙なタイミングでできているのだと思います。

肯定することがいいことだという価値観なので、あまり高いところに目標を置いていません。

目標が高すぎると、ほめられなくなりますから。たとえ僕らが「高いレベルを目指せる選手だな」と感じていても、そういうことにあまり興味のない親御さん。もしくは「テニスを楽しんでくれればいいです」とか「テニスをすることで人間的に成長してくれれば」と考えている家庭です。その家の子育ての軸足が見える瞬間は、子どもが自分の実力よりも下の子に敗れたときです。「何で負けたの？」と言う人がいれば、「こういうことができないと負けちゃうんだね。でも、そこができれば次は負けないよね」と目標を与える人もいます。接し方の違いで、まったく違う結果になっていきます。

後者の家庭は、親が一緒に一喜一憂しないので、子どもは失敗しても自尊感情をキープしたまま次のことを考えられます。

何かができたらほめる。あまり高い目標を与えないで、低めの目標にしておいてほめ続けていく。子育ての階段には、恐らく5段とか10段ごとに踊り場があるので、そこに停滞して子どもがクルクル回っている間もお尻を叩かずちょっとほうっておく。

踊り場で立ち止まったままクルクル回っていたのが、自分から次のステップに足をかけ一段登った瞬間、そこを絶対に見逃さずほめる。

すると、また5段、10段と登り始められる。そこを見ていないで、次のステップに足がかかっているのにスルーしてしまうと、子どもは「やっぱダメだ」と踊り場に戻ってしまうことがあります。忙しくしていると見逃します。何となく見ていてもダメ。「見よう」と思わないと、子どもを見守ることはできません。

例えば、僕らコーチの場合。

「ねえ、柏井コーチ」

選手3人から同時に話しかけられたとしましょう。その3人は、踊り場でまだ遊んでいる子、踊り場から一段登りそうになっている子、すでに階段を登っている最中の子だとします。誰に最もアプローチすべきかといえば、一段目に足がかかっている子です。コーチたる者、「よし、こいつやん」とわからなくてはいけない。ところが、一段目のその子がちょっとシャイだったりすると、気づかないこともあります。僕らもそこを頑張って見定めなくてはいけません。

また、子どもはようやく登り始めた二段目でコケたりもします。そのときは、以前の成功体験を思い出させるようなアプローチをします。

「大丈夫だよ。あのときだってやれたじゃん」

こうしたら成功したよね、という方法論を一緒に整理します。

過干渉にならない

二つ目の条件は、離れた場所から観察できるということです。過干渉にならないこと。ひとりか二人しか子どもがいないと、親御さんは何でもやってあげることができます。そうなると「こうさせたい～子どもができた～はいＯＫ」とスムーズに事が運びます。

でも、そこで気をつけたいのは、子どもが自分のやったことを心からＯＫと感じているかどうかです。

「本当は嫌だったけど、行かないと親がうるさいのでテニス習いに来ました」

コートの隅でカミングアウトされてがく然とする、みたいなことは少なくありません。心から楽しかったのか、もっとやりたいと本当に思っているのか。毎日でも確認しなければ、イエスマン予備軍を育てているだけかもしれません。

送り迎えで、最初だけ付き添う親御さんは安心できます。電車で松江駅まで来て、松江駅からどこにバス乗り場があって何番の乗り場で、どこ行きのバスに乗ればグリーンテニススクールに到着するね。そこを教えたら、次は自分ひとりで来る。そうあってほしいと思います。

やったことがないことをやってみる。どのくらいたくさんのことを経験させられるか。そこを大事に思えるかどうか。いつも忘れ物をする子は、駅に集合して来るときにたいがい親がその子の荷物を持っています。

子どもの物差しでわが子のことを考える

三つ目の条件は、子どもの物差しでわが子のことを考えられるということです。

「テニスをもっと一生懸命やってくれないかなあって思うんですよ」

お父さんやお母さんが、僕の隣でぼそっとつぶやくことがあります。

うーん。僕は頭を抱えます。

だって、大人から見て「一生懸命やってるか、やってないか」を計るのは妥当ではありません。そのまなざしによる計り方は、あくまで大人の物差し。子どもの物差しではありません。

「え〜、お母ちゃんだって、自分が子どものとき何でも一生懸命取り組んでいたの〜?」

ある程度の付き合いの長さがあれば言えます。そうすると「いや、ダメだわ。そうだよね〜」と言ってくれることのほうが多いです。

子どもは親から「お父さんはこんなに頑張っていた」とか「お母さんはこんなにできた」と言われると、萎縮します。高校生くらいになれば、親の自慢話なんて「そもそも誰も知らないし」と相手にしないのですが、小学生は言葉通りに受け取ります。

大人の物差しと子どもの物差しは、1インチと1メートルくらい単位が異なる。そこを理解してほしいと思います。

成長し続けるために

例えば、僕のレッスンで何かのショットの練習をしていて「ラスト３つね」と言ってボールを送って打たせるとします。３つ目、最後のボールを打ったとき、それでＯＫかどうかを本人に聞いてＯＫなら次の練習に移ります。もしくは、本人がＯＫでも僕の感覚で納得いかなかったらそこは「もうちょっと早く打ってみて」などとリクエストします。それで両方がＯＫなら終了。ただ「１００球打ったら終わりね」というものではありません。

ちょうどいい感じで納得できる動きとか打ち方が表現できて終了ならよいのですが、何球とか何本、何時間やるといった量で判断しているとなかなかそうはなりません。選手は楽しめなくなります。これだけでも途中でつぶれる要素になりかねません。

コーチと選手が、話し合い、確認し合っていれば「もうひと頑張りね」というモチベーションも効果があります。１００本打ちます。90本打ちました。ラスト10本ねと言われても、選手は早く終われと祈るだけではないでしょうか。

練習の量やメニューはもちろんですが、指導する年代で言葉遣いも多少変えます。

「いいよね。目標が低いとそこで終われて」

「いいの？　それで？」

これは、高校生に対し、若干追い詰めるときの言葉です。

同じ目的を持っていても、小学生に対しては「さあ、どうかな？」と尋ねます。声の質も言い方もぐんとやわらかくなりますが、求めてることは同じ。

「もっとやれるんじゃないの？」と上目づかいで見る感覚です。負けん気の強い子には、また少し変えます。

「いいよね。目標が低いとそこで終われて」

完全に皮肉った言い方ですが、子どもたちは唇をかみしめて、そこから再び向かって来ます。

圭はそういった言い回しに敏感に反応してきました。方向性が一緒でしたから「もう少し…」というこちらのイメージにもほとんど同期していました。ショットの質は納得できるけどゲームをして負けっぱなしで終わるのは嫌だ——レッスンでも勝ち負けにこだわる子でした。コートにターゲットを置いて、５本当たらなかったら筋トレ。それが彼にとって勝負だとすればそんなメニューはたくさんありました。

何をきっかけに成長し始めるかわからない

圭は僕のクラブから上手く巣立ちましたが、全員がハッピーになれるとは限りません。最後まで送り出せない子もいます。

「あの子、続くかな?」と、ハラハラしながら見守ることもあります。どんどんマイナスの方向に行くように見えれば、どこでどう手を打とうかと思いめぐらします。

ところが、こちらがジリジリしている最中に、何かをきっかけに成長し始めることもあります。モチベーションの低い子でも、急に変わることは確かにあります。とても悔しい負け方をした直後などに「自分でここまでやと思う?」と刺激したら、翌週違う取り組みを始めたケースもあります。

植物に水をあげると新しく芽が出るように、パッと別人のように取り組み始めることがあるのです。(お、食いついた)そう思ったときはタイミングを逃さず、その子に時間と手をかけます。

上手くほめることができなかったことは大きな反省点

とはいえ、指導者生活のなかで失敗も山ほどあります。特に、上手くほめることができなかったことは大きな反省点です。選手が試合に勝っても「あなたのレベルならそれくらい勝てるよね」という空気を醸し出していました。「よくやったね」とは言いますが、その言葉の裏には「まあ、そのくらいは勝てるよね」という冷めた見方があったかもしれません。

「お、すごいね！」と、もっと喜んであげればよかったのにです。生来の照れ屋というか、大人のくせに、シャイな性格を修正できず接してしまいました。子どもたちからすればちょっと距離があったのではないか、喜びを今ひとつ共有できなかったと感じているかもしれません。

クラブを途中で辞めていった子には、もっとテニスと関係のないいろいろな話、雑談をする時間をつくるべきだったと思います。特に、中学、高校の思春期の子は接し方が難しいのですが、こちらがより心を開いて気持ちを受け止めるべきでした。

選手に去られて気づくことは非常に多いです。クラブを替わった子に「いつでも応援してるし、サポートするからいつでも言ってね」とは言います。すると、「柏井さんのレッスンを受けてみたい」とは言ってくれますが、実際に来るところまではなかなか至りません。

つい最近の出来事です。

「スゲーな。やればできるじゃん」

心が折れかかっていた中学生の女子に頭をごりごりしたら、とても喜んでいました。

ほかには、高校生になったばかりの女の子に「よくやったね」と頭を三回くらいポンポンしました。すると、家で母親に「今日ね、コーチにね、頭よしよしされてん」と言ったそうです。高校生でもよしよしが親に報告するほどうれしいのかと、あらためて認識しました。

こちらが何気なく言ったことでも、子どもが喜んでくれることがあります。だとすれば、僕に他意がなくても、心に突き刺さってしまったり、アンハッピーにさせてしまったこともあるかもしれない。何人もの顔が頭に浮かびます。

圭は世界に羽ばたいてくれたけれど、僕が子どもたち全員を幸せにしたわけではありません。僕自身も成長し続けなければいけない。

このことを心に刻んで、目の前の子どもたちと向き合っていかなくてはと思います。

あ〜、だれかぼくをじょうずにほめてくれないかなあ。
ぼく、きっともっとできるのに……。
子どもたちは、みんなそう思っているに違いないのです。

[著者]
柏井正樹（かしわい まさき）
1960年島根県松江市出身。小学3年時にクローン病にかかったことで、やや病弱でスポーツとは縁のない子ども時代を送る。高校時代は文芸部で趣味は読書。卒業間際のテレビ観戦を機にテニスに目覚める。四国学院大学文学部福祉学科で勉学に励みながら、大学のテニスサークルに所属して競技生活をスタート。大学卒業後は高松市のテニススクールの契約コーチ、丸亀テニスクラブのヘッドコーチとして働きながらコーチ経験を積む。89年に松江市でカシワイテニスサービスを設立し地元島根でのコーチ活動をスタートさせる。91年よりグリーンテニススクールを主宰。95年から8年間、錦織圭選手の指導に携わった。2016年4月に『学研まんが入門シリーズ　うまくなるテニス』を監修。
〈現在の肩書〉
・グリーンテニススクール／カシワイテニスサービス 代表
・島根県テニス協会ジュニア担当理事、ジュニア委員会顧問
〈指導者資格〉
・日本体育協会(日本テニス協会)認定：上級コーチ、上級教師、マスターコーチ
・アメリカプロテニス協会認定：プロフェッショナル3
〈競技成績〉
・中国ベテランテニス選手権大会40歳以上ダブルス2001年準優勝、2002年優勝

[構成]
島沢優子（しまざわ ゆうこ）
フリーライター。筑波大学卒業後、英国留学などを経て日刊スポーツ新聞社東京本社勤務。1998年よりフリー。主に週刊誌『AERA』やネットニュースで、スポーツや教育関係等をフィールドに執筆。『桜宮高校バスケット部体罰事件の真実　そして少年は死ぬことに決めた』（朝日新聞出版）『左手一本のシュート 夢あればこそ！ 脳出血、右半身麻痺からの復活』『王者の食ノート―スポーツ栄養士虎石真弥、勝利への挑戦』（ともに小学館）など著書多数。『「みんなの学校」が教えてくれたこと　学び合いと育ち合いを見届けた3290日』（木村泰子著）『サッカーで子どもをぐんぐん伸ばす11の魔法』（池上正著／ともに小学館）など企画構成を担当した書籍も版を重ねている。日本文藝家協会会員。

戦略脳《せんりゃくのう》を育《そだ》てる―テニス・グランドスラムへの翼《つばさ》

NDC371 / xii, 167p / 19cm

初版第1刷――――2016年6月20日

著　者――――柏井正樹《かしわいまさき》
発行者――――鈴木一行
発行所――――株式会社 大修館書店
〒113-8541　東京都文京区湯島2-1-1
電話 03-3868-2651（販売部）　03-3868-2299（編集部）
振替 00190-7-40504
［出版情報］ http://www.taishukan.co.jp

構　成――――島沢優子
装丁・本文デザイン――井之上聖子
組　版――――加藤　智
印刷所――――横山印刷
製本所――――司製本

ISBN978-4-469-26794-5　Printed in Japan